实验室安全技术与管理研究

金　峰　桑志国　著

中国原子能出版社

图书在版编目(CIP)数据

实验室安全技术与管理研究 / 金峰，桑志国著. --北京 ：中国原子能出版社，2019.8

ISBN 978-7-5022-9965-1

Ⅰ. ①实… Ⅱ. ①金… ②桑… Ⅲ. ①实验室一安全技术一研究 ②实验室管理一研究 Ⅳ. ①G482 ②G311

中国版本图书馆 CIP 数据核字(2019)第 180477 号

内容简介

本书从实验室安全的必要性和重要性出发，全面讲述了实验室中经常出现的各种安全问题的表现特点、产生原因、防治措施、应急处理和救援，既有理论知识，也有相关案例。本书内容广泛、新颖、实用性强，是一本值得学习研究的著作，可作为从事实验室安全管理、实验室工作者和教师、学生安全技术方面的参考书。

实验室安全技术与管理研究

出版发行 中国原子能出版社(北京市海淀区阜成路 43 号 100048)
责任编辑 张 琳
责任校对 冯莲凤
印 刷 北京亚吉飞数码科技有限公司
经 销 全国新华书店
开 本 787mm×1092mm 1/16
印 张 12
字 数 215 千字
版 次 2020 年 3 月第 1 版 2020 年 3 月第 1 次印刷
书 号 ISBN 978-7-5022-9965-1 定 价 62.00 元

网址：http://www.aep.com.cn E-mail:atomep123@126.com
发行电话:010－68452845

前　言

实验室是科研工作者从事科研活动的重要场所，也是许多重大实验成果的诞生地。随着我国经济水平的提高，国家对实验室建设的相关投入也逐年增加，科研水平逐步提高，在某些领域已处于国际领先水平。

随着实验室数量的不断增加，与之相关的安全事件也呈现出逐渐增多的趋势。因此，如何进行有效的实验室安全风险防控和管理，是实验室管理工作首先要解决的问题，以实现对在实验室工作的科研工作者人身安全的基本保障以及对实验室科研仪器财产的有效保护。为此，笔者撰写了《实验室安全技术与管理研究》一书，旨在为实验室管理提供借鉴思路和具有可操作性的工作措施与方法。

本书适应实验室安全与管理的需求，注重系统性、逻辑性，重点介绍了实验室安全与管理的防护措施、应急救援方法等。具有以下特点：

(1)在撰写本书时，注重实验室安全与环保所要涉及的基础知识、常见安全隐患和事故发生的原因，注重预防、处置隐患和事故的知识，不过分强调术语的严格定义以及知识点的扩展，对安全隐患和事故也以结合具体案例的方式进行分析、描述。希望读者能直观了解并掌握实验室安全与环保的常识及要求，从而增加安全环保意识，形成重视安全环保的理念和文化习惯。

(2)根据内容需要，本书配有较多的插图，图文并茂、直观、易懂。读者不仅能掌握实验室安全技术的基础知识和基本技能，更重要的是能提升读者的生命安全意识和职业素养，尊重生命、重视安全。

(3)本书选取了近几年发生的典型实验室安全报道事故，介绍事故整个过程，分析引发事故的原因，以期望读者能够从中吸取相关教训，加强在平日实验室安全的管理，避免类似事故发生，降低个人伤害风险。

本书全面系统地介绍了实验室各类安全事故的安全防护、应急救援及安全管理等内容。全书共八章，第一章介绍实验室安全与管理概述；第二章介绍实验室安全事故；第三章介绍实验室消防安全；第四章介绍实验室用电用水安全；第五章介绍实验室危险化学品使用安全；第六章介绍实验室生物安全；第七章介绍实验室电离辐射安全；第八章介绍实验室特殊仪器设备使用安全。

作者在多年研究的基础上，广泛吸收了国内外学者在实验室安全技术与管理方面的研究成果，在此向相关内容的原作者表示诚挚的敬意和谢意。实验室管理与安全是一项长期的工作与任务，需要常抓不懈，不断完善发展。由于作者水平有限，相关领域发展迅速，在实验室管理与安全方面探索性较强，加之时间仓促难免有疏漏不妥之处，恳请读者批评指正。

作　者

2019 年 4 月

目　录

第一章　实验室安全与管理概述

实验室管理是指导人们管理实验室运行过程中各项活动的一门科学，其研究对象涉及实验室相关的人、事、物、信息和经费等全部活动。实验室管理的目的是保障实验室运行安全和实验室工作质量。因此，实验室管理的核心是实验室安全管理和实验室质量管理。

第一节　实验室安全基础知识

工作人员在实验室接触化学试剂、使用实验器械以及电、气、火等过程中，若操作不当，常会引发各种危险（如中毒、割伤、触电、爆炸、着火、灼伤等）。一旦发生安全事故，会造成不同程度的人身伤害和财产损失。因此，全面系统地掌握实验室安全管理知识，有助于预防实验室安全事故发生。

一、实验室安全守则

实验室应根据工作内容制定科学的规章制度和操作规程，并要求所有进入实验室人员必须严格遵守。实验室规章制度和操作规程中应明确指出实验室工作人员在进入实验室、实验过程中以及实验完毕时必须注意的事项。如进入实验室必须穿工作服；实验时要保持实验室的安静、整洁，严禁吸烟和饮食，实验过程中产生的废液、废渣和其他废物，应集中处理，不得任意排放；实验完毕，应将实验仪器及各项器材、物品放回指定的位置，搞好实验室卫生，关好水、电、门、窗，方能离开实验室。负责管理实验室基础设施和仪器设备人员的职责和任务也应在规章制度中明确。

二、化学试剂的管理和使用

实验室工作人员在工作中可能会接触或使用化学试剂，其中一些化学试剂不仅对工作人员健康有很大危害，还可能造成重大安全事故。因此，应加强实验室化学试剂的安全管理。

(一)化学试剂的安全管理

1. 有毒化学试剂

有毒化学试剂是指少量进入人体，就能导致局部或整体生理功能障碍，甚至造成死亡的化学试剂，如氰化钾、三氧化二砷、氰化钠等。按其毒性不同，可分为剧毒、高毒、中毒、低毒、微毒五个等级。此类化学试剂应存放于专门的保管柜中，置阴凉、干燥、通风处，并注意与易燃、易爆、酸类、氧化性试剂等分开储存。

2. 腐蚀性试剂

腐蚀性化学试剂是指能通过腐蚀作用导致人体和其他物品受到破坏，甚至引起燃烧、爆炸或人员伤亡的试剂，如氨水、盐酸、发烟硝酸、发烟硫酸等。此类化学试剂储存温度应低于 30 ℃，应放置于耐腐蚀材料(如耐酸水泥或陶瓷)制成的料架上，存放于阴凉、干燥、通风处，酸性与碱性腐蚀试剂、有机与无机腐蚀试剂应分开存放。

3. 强氧化性试剂

强氧化性化学试剂是指过氧化物、有强氧化能力的含氧酸及其盐，如过氧化氢、高氯酸、高锰酸及其盐等。此类化学试剂应存放于阴凉、干燥、通风处，室温低于 30 ℃，应与木屑、炭粉、硫化物等可燃、易燃物或还原剂分开存放。

4. 易燃易爆试剂

这类试剂具有易于燃烧和爆炸的特性，如乙醚、有机硼化物和有机锂化物、乙炔及乙炔的重金属炔化物等。此类化学试剂应放置于通风良好，阴凉干燥的通风柜中，并在柜上显著位置贴上“易燃”字样的警示标志。室温低于 30 ℃，隔绝火、热、电源，做好防雨、防水工作，并根据贮存危险物品的种类配备相应的灭火和自动报警装置。

(二)化学试剂的安全使用

为保证化学试剂的质量和使用安全，在使用时要注意以下几方面：

1. 熟知常用试剂的理化性质

如酸碱的浓度，试剂的溶解性、挥发性、沸点、毒性及其他重要理化性质。

2.保护好试剂瓶标签

万一标签脱落，应照原样贴牢；分装或配制试剂后，应立即贴上标签；没有标签的试剂，在未查明前不可使用，必须经鉴定确证后方可使用。

3.取用试剂基本注意事项

瓶塞不能随意放置，应盖里朝上放置于干净处。取用后应立即盖好，以防试剂被其他物质污染或发生变质；要使用清洁干燥的小勺和量器；取用强碱试剂后的小勺，应立即洗净以免被腐蚀；取出的试剂不可倒回原瓶；打开易挥发的试剂瓶塞时，瓶口不能对着脸部；取用能释放有毒、有味气体的试剂后，应用蜡封口。

4.取用有毒试剂注意事项

使用有毒化学试剂时，要严格遵守操作规程，避免发生意外。必须在通风橱中完成，并采取必要的防护措施。实验结束后，要及时洗手、洗脸、洗澡、更换工作服，同时要保持实验室环境卫生。反应剩余物应倾倒在指定的废物缸中，由专管人员进行处理。

5.取用腐蚀性或刺激性试剂注意事项

取用腐蚀或刺激性化学试剂(如强酸、强碱、氨水、冰醋酸等)时，尽可能戴上橡胶手套和防护眼镜，禁止裸手拿取。倾倒时，切勿正面俯视。

6.取用易燃易爆试剂注意事项

使用易燃易爆化学试剂时，实验人员应采取必要的防护措施，最好戴上防护眼镜，实验过程应在通风橱中进行。使用过程中禁止震动、撞击，如有试剂散落，应及时清理。

三、实验室用电安全

实验室用电安全主要指在用电过程中应保障实验人员的人身安全和实验室仪器设备安全。实验室中经常使用各种以电能作为能源的仪器仪表，若使用电器不当，容易引发触电或产生大量静电，导致火灾事故或造成仪器设备损坏。因此，安全用电是完成实验的保证。

四、常用玻璃器皿的安全使用

实验室中经常使用各种玻璃器皿。由于玻璃质地脆弱，导热和导电性能差，因此，在使用过程中容易破碎，造成割伤、试剂泄漏而引发感染、中毒、起火、爆炸等事故。使用玻璃器皿应注意以下几点：

(1)在容易引起玻璃器皿破裂的操作中，如减压处理、加热容器等，要戴上安全眼镜。

(2)不要使用有缺口或裂缝的玻璃器皿。

(3)持取大的试剂瓶时，应一只手握住瓶颈，另一只手托住底部。

(4)若实验需在高温高压的条件下进行，应选择耐高温高压的玻璃器皿。

第二节　实验室安全管理体系与安全责任制

建立实验室的安全管理体系，对防范实验室安全隐患、遏制不安全事故发生是非常必要的。实验室安全管理体系应是一项系统的、一体化的综合管理体系。它应具有相应的组织结构、健全的管理制度、安全教育的制度、安全技术和安全条件。所有这些，需要有效的体系和管理层的支持。

实验室安全管理的总负责人可由科研单位分管实验室工作的领导兼任，组织成立实验室安全管理委员会。委员会主要负责制定实验室安全管理的方针和政策，还可以在该委员会下设立其他相关委员会。设立实验室安全管理办公室，负责所有与安全相关的具体事宜。科研单位各实验室按照行政组织形式，纳入到实验室安全管理委员会中，相关实验室负责人兼任委员会内相应职务。

以高校系统实验室为例，实验室安全管理体系组织结构，应由几个管理层次组成，校级的宏观管理、院级的综合管理、系级的落实管理。高校管理层设置见图 1-1。

校级的宏观管理是对全校实验室的总体安全管理，对于实验室安全进行宏观指导，制定全校的实验室安全总体规划，确定全校的实验室安全管理制度，对全校实验室安全主要进行监督管理。

院级的综合管理，主要是针对学院的各个实验室进行安全管理，落实安全制度，进行安全教育，定期进行实验室安全检查，严防和排除安全隐患的出现。落实安全管理层层负责制、健全实验室安全管理体系。明确学院书记、院长、主管危险化学品安全工作副院长、教学负责人、实验室独立房间负责人在危险化学品安全管理中的职责，责任落实到每个学院、每个实验室、每个独立房间，建立持续稳定的实验室安全体系，出了问题能快速进行应急反应。

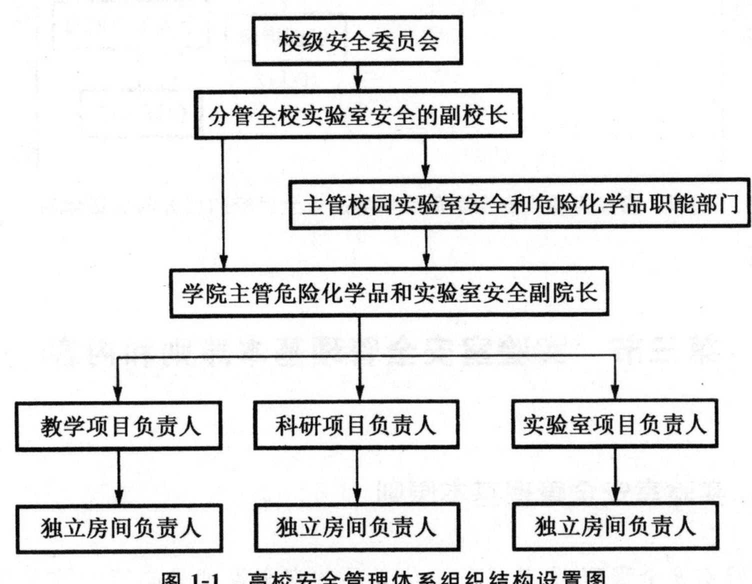

图 1-1　高校安全管理体系组织结构设置图

为加强对危险化学品的生产、储存、运输、购买和使用的监督管理，高校也应建立"三级巡回检查制度"，同时建立主管校长、安全职能部门和所在学院的三级监管体制，对三级危险点进行不同频度的安全检查与抽查，加强监管体制建设和建设安全网络信息化管理。

化学实验常常伴随着危险，无论怎样简单的实验，都不能粗心大意。安全实验工作具有长期性、艰巨性和复杂性，需警钟长鸣，常抓不懈，尤其要重视安全意识的教育，充分认识化学品的危险性，尤其是潜在的安全隐患性，采取切实有效的措施，防止和减少各类危险化学品事故的发生，保障人民的生命、健康、财产和环境安全。

主管部门在实验室安全基础设施建设、安全管理体制建设和安全教育职责落实的前提下，签订安全责任书是落实安全责任制的一种有效手段，通过层层签订责任书，共同把全员安全生产责任制真正落实到实处，使每个环节都有科学严格的规章制度和各自的职责。建立一套严格、科学的安全目标展开与保证体系，见图 1-2。

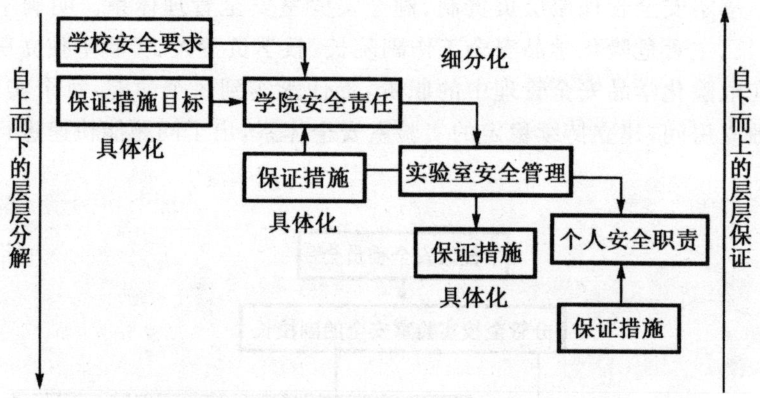

图 1-2　高校实验室安全和危险化学品安全目标的展开与保证体系

第三节　实验室安全管理基本原则和内容

一、实验室安全管理基本原则

实验室安全管理，尤其是危险化学品的安全管理是高等学校安全管理工作的一项重要任务，实施安全管理的基本原则就是要在理顺管理体制、健全安全制度、强化安全教育的前提下，必须要有计划、有要求、有布置、有检查、有措施，扎扎实实地做好实验室安全管理各项工作，以确保高等学校实验室安全管理及危险化学品安全管理落实到每一个安全环节。

在实验室安全管理的工作中，许多高校安全工作还仅限于规章制度、实验室层面上的管理。或者是运动式管理，往往是在事故发生后，进行被动的事故分析，找出事故的原因，吸取教训，制定改进措施，或者是在事故发生后进行实验室安全大检查，这种管理模式在事实上有很大的盲目性。因为就实验室环境、人员、设施来讲，这种实验室安全管理有一定的局限性。

要搞好实验室安全管理工作还需了解实验室安全管理性质，归纳起来可具有以下五个方面的性质。

(1)长期性：安全管理是一项经常的、艰苦的、细致的和长期的工作。

(2)科学性：安全工作有其自身的规律性，不以人们的主观意志为转移。

(3)系统性：形成专业系统，反映出全方位、全员、全过程的属性。

(4)预防性：安全管理保证实验室安全及实验安全进行，防止事故发生。

(5)专业性:安全管理区域有专业内容和自身特点的完整体系。

实施实验室安全管理,不仅要进行长期性的深入细致的工作,而且要进行科学性的安全评价,辨识危险源,分析了解实验室或实验环节中潜在危险和薄弱环节之所在,发生事故的概率和可能的严重程度,评价实验系统的安全可靠性。

实验系统性的安全工作,要从总体出发,把安全管理引申到实验室的基础建设设施、电气设计、排水排污、试剂规范管理等,对实验室安全进行安全设计、安全论证,对实验室潜在的危险进行客观的评定,划定安全与危险的界限和可行与不可行的界限,以领导参加的安全管理为核心,加强全员安全教育,提高全过程的安全控制,以预防事故为中心,进行预先安全分析与评价,根据实验室自身安全特点,建立有专业特色的实验室安全管理制度和安全防护措施。

二、实验室技术安全管理的主要内容

为保证实验室工作有序进行,不同学科的实验室都有自己安全管理的内容和要求。以下所提供的是各类实验室需要考虑的主要内容,各实验室可根据自己的实际情况参考执行。

(一)实验室安全制度建设

为使实验室安全管理有章可循,且安全监管有法可依,应依据国际国内法律、技术标准和操作规范,制定适合本实验室实际情况的《实验室安全管理规则》《实验室物品管理规定》《化学试剂安全使用管理办法》《生物安全工作细则》等系列的实验室安全管理制度。

(二)实验室人员安全教育

在建立健全安全管理制度的基础上,应注重实验室工作人员的安全意识教育。通过组织安全法规制度学习、典型案例分析、安全知识培训、消防演练和定期安全知识考核,强化实验室工作人员的安全意识和安全事故应急处置能力。通过安全宣传周、安全知识竞赛以及大学生创新项目等多种形式,规范每个人的行为,最终使安全文明形成一种文化习惯。

(三)实验过程安全管理

实验过程安全管理的主要目标是确保安全操作,预防和杜绝人身伤害,这是实验室技术安全管理的核心内容。

（四）实验环境安全管理

实验环境安全管理的主要目标是避免环境污染及危害，构建良好的实验工作环境及社会环境，这是实验室技术安全管理的终极目标。

（五）实验室物品安全

实验室设备、化学试剂和电离辐射源等实验室物品使用、存放要符合实验室安全管理要求。如实验室剧毒品、易爆品应严格执行双人管、双人发、双人运、双人用等规定；高压气体钢瓶应符合气瓶安全管理规定，设专用地点按种类分开安放，并定期进行安全检查。

（六）实验室生物安全

实验室应对实验中使用的各种生物因子进行科学管理，防止实验室人员生物感染和危险生物因子扩散。

（七）实验室意外事故处置

实验室应制定意外事故应急预案，如发生火灾、爆炸、危险化学品泄漏和菌种、毒种丢失等意外事故时，应按照应急预案采取相应处置措施，减少意外事故导致的人员伤亡和财产损失。根据意外事故应急预案要求，实验室应做好安全事故应急救援人员培训，配备应急消防器材设施，保持实验室走廊、楼梯和出口畅通，保证一旦危险事故发生，各项救援设施齐全和应急通道畅通。

（八）督查机制

1.实验室安全与管理检查

实验室安全与管理检查是根据相关安全标准、规范等制定检查条款，按条款对实验室潜在隐患进行判别检查，认真督促安全检查结果的整改，可以有效阻止安全事故的发生。目前经常使用的安全检查方式有消防公安部门、环保部门等管理部门组织的专项检查，学校管理部门组织检查，各学院等单位自查，专家组及学生协防队员巡查，各实验室日常检查等。

2.实验室安全与管理认证

实验室对开展的实验和实验室进行安全与环保合格认证。安全与环保合格认证包括对实验室建设、仪器设备、工艺流程、危险实验材料、实验废弃物预处置及实验室防护设施等要素进行综合预先危险性分析，按照一定的标准和要求进行评价，做出是否合格的结论，对不合格的实验室要执行限期整改，严重的可暂时关闭实验室，直至整改达到合格标准方能批准开展实验。

（九）安全防护设施建设

实验室安全防护设施建设是安全保障的具体实施。安全防护设施包括仪器设备安全防护装置、消防设施、急救设施、个人防护设施、监控预警设施等。安全防护设施应定期检查，对已损坏或不能满足防护要求的设施进行维修、升级、改造，对已过期的防护设施及时更新，从而提高实验室安全与环境保护技防能力。

（十）信息化管理

实验室安全与环境保护管理工作繁杂多变，涉及地点、人员众多，单纯依靠人工不利于管理工作的开展，充分利用互联网无地域局限的优势，是实验室安全与管理工作的发展趋势。目前国内已有高校开始使用互联网进行实验室安全与环境保护培训及考试管理，这样确实为将安全教育覆盖到所有进入实验室的人员创造了有利条件，也使安全教育的形式和手段更加多样化，而实现实验室人员、实验材料、设备、实时监控等的信息化管理将大大提高安全管理效率和提高实验室的安全性。

第四节　实验室安全教育的必要性

实验人员在实验过程中的操作失误极有可能引发实验室安全事故，造成仪器设备损坏，甚至危害生命，使个人、家庭、学校、社会和国家蒙受重大损失。纵观各类实验室安全事故，绝大部分事故发生的直接原因都是实验人员在实验过程中的不当操作，但本质原因都是安全意识淡薄和安全知识技能不足。因此，对大学生开展实验室安全教育不仅是大学生思想政治教育和素质教育的重要内容，还是保障大学生安全、维护校园安全及社会和谐稳定的重要措施。

一、实验室安全教育是国家法律、法规的要求

《中华人民共和国高等教育法》《高等学校学生行为准则（试行）》《高等

学校校园秩序管理若干规定》《普通高等学校学生安全教育及管理暂行规定》《高等学校内部保卫工作规定(试行)》《学生伤害事故处理办法》和《高等学校消防安全管理规定》等法律、法规,既明确了学校在大学生安全教育和管理中的职责,又规定了大学生在安全教育与管理中应该享受的权利和必须履行的义务。这些法律、法规的颁布表明我国高等学校安全教育已经逐步纳入制度化、法制化的轨道。

二、实验室安全教育是提升安全管理水平的根本举措

人作为实验室活动或管理的主体,其本身的安全意识和安全素质是控制安全事故是否发生的决定因素。安全意识淡薄、违章操作、安全知识技能缺乏、管理不善是导致实验室安全事故发生的重要原因。因此保证实验室安全的根本之道是进行有效的安全教育与宣传,提高实验者及实验管理者本身的安全意识和安全素质。

另外,一个不容忽视的问题是:研究生作为高等学校科研的主力军和生力军多从事探索性实验,其本身就存在着潜在的危险性。其中大多数在进入实验室前并没有接受过专门、专业的实验安全教育或培训,其实验安全防护知识往往来自实验室其他人员的简单传授和自身的操作实践。在没有充分的实验安全认识和防护技术的情况下开展实验,事故往往在实验者麻痹大意和非规范操作中发生。将实验室安全教育纳入高校的教育教学体系,开展专业的实验室安全教育,实施严格的实验室准入制度,是保证这些人才顺利成长的基本要求。

三、实验室安全教育是素质教育的需求

加强素质教育,培养全面发展的人才,已成为当前高等学校教育改革的主旋律,安全素质则是大学生及研究生综合素质中最基本的素质。通过实验室安全教育,不断提高学生的安全素质,使学生形成自觉的安全环保意识,将安全文化融入他们的生活、工作及社会活动中,这对个人、国家和社会都有重要的意义。

四、实验室安全教育是高等教育事业全面、协调、可持续发展的需要

在高等教育快速发展的同时,实验室技术安全问题日益凸显,特别是许

多高等学校扩招以后，学校学生人数激增，实验室工作人员流动性增大，由于安全意识不强，技术安全知识和技能缺乏，致使实验室火灾、人员伤亡、环境污染等问题时有发生。因此，高等学校必须加强实验室科学管理，做到开放、共享、发展有章可循，有法可依；必须重视实验室技术安全工作，预防安全事故发生，创建平安校园，建设和谐社会。

五、实验室安全教育是高等教育国际化的要求

高等教育国际化是新时期国家对高等学校发展提出的要求，这就需要国内高等学校借鉴国际先进教育理念，引入国外优质教育资源，推动我国高等教育的发展。在实验室安全教育和校园安全文化建设方面，欧美国家及中国香港、中国台湾的实验室安全管理和教育工作相对领先，值得我们借鉴。因此，加强我国高等学校实验室安全教育，构建一个长效、科学的实验室安全教育体系，为学生及教职员工开展专业的实验室安全教育培训是当前我国高等学校国际化的必然要求。

六、实验室安全教育是人才培养新理念的建设需要

学校应培养学生的安全意识和责任意识，促使其掌握安全技能，从而保护自己，使其终身受益，并带动全社会共同营造良好的安全氛围。现代企业在招聘新员工时，十分注重对安全意识和责任意识的考察。例如，我国中石油公司就非常重视企业员工的安全教育工作，在用人机制上提出“安全是聘用的必要条件”，充分考察员工的安全意识、安全技能和历史表现。

第五节 实验室管理与安全的现状与发展趋势

随着进入实验室的人员持续增长，流动性加大，仪器设备投入越来越多，实验室管理与安全工作面临压力越来越大。尽管实验室安全投入持续增长，但与实验室硬件建设投入相比明显不足，在实验室管理与安全方面存在诸多问题。

一、实验室管理与安全现状

伴随国家财政资金投入的持续增长，高校实验室建设已步入新的发展

阶段。仪器设备逐渐完善，实验室拥有大批贵重精密仪器，各种安全设备设施建设也日益受到重视和加强。但总体而言，实验环境、仪器设备、实验队伍各因素的安全管理仍有待提高。

（一）信息化程度不高，效率低下

实验室工作是一项琐碎、复杂而又十分细致的工作。传统的管理模式，存在原始数据的多次重复转录、工作效率低下，信息无法共享，虽采取了一系列的改进措施，但由于缺乏信息化管理系统支撑，始终无法实现实验室信息化管理。

面对实验室资源越来越充足的发展态势，实验室管理与安全要有效协调实验环境、仪器设备、实验队伍为三要素，利用这些资源，提高实验室管理效率，就必须要借助现代信息技术，利用现代计算机网络技术辅助实施信息化管理。

不可否认的是，现有的实验室管理信息化水平，离细致、系统、高效、安全的实验室管理还有差距，未来很长一段时间，实验室信息化还有很长的一段路要走。只有通过推进实验室信息化建设，让实验室管理者从繁杂的常态化手工操作中解脱出来，建立和使用信息化管理系统，充分发挥计算机网络信息技术的优势，实现实验室管理的现代化与信息化。

（二）安全意识不强，实验室安全教育没有常态化

在实验室中，无论是领导层还是执行层都不同程度存在重教学科研、轻安全环保的思想。认为安全工作有投入，无产出，只要现场工作人员小心操作就出不了大事的麻痹意识，其本质就是安全观念落后，尚未真正意识到实验室安全工作的重要性、特殊性和危机的危发性，尚未认识到实验室安全体系建设的重要性。

实验室安全事故的发生往往由于实验室人员和学生对安全防护认知不足，凭经验或平时不良习惯或疲劳疏忽，或遇紧急危机处理能力不足造成。因此，对实验室人员和学生的安全教育和培训显得十分重要。目前，不少高校还没有专门的实验室安全教育和培训中心，该项工作还没有常态化。

（三）安全建设资金投入不足，安全设施体系落后

对实验室的投入多集中于仪器设备购置、环境条件改善，比较而言，对实验室安全建设速度与之不相适应，安全设施体系整体水平较为落后。如实验室应配备的烟感报警、监控装备、灭火器、喷淋洗眼装备、通风设施、防护眼镜、药箱等多不齐备，紧急救援开展困难；易燃、易爆、剧毒等危险化学

品存放还不够规范,一些设备安全操作距离也不够规范;多数高校还没有建立健全完备的三废管理机制。

(四)规范化管理不够

实验室规范化管理是实验室潜能充分发挥的有力保障,具体包括实验室规章制度建设、人员管理、仪器设备管理等内容。现阶段,实验室管理规范化程度不够。普遍存在制度建设不够,队伍流动性大,仪器设备投资效益不高的情况。

(五)实验技术队伍水平有待进一步提高

实验技术队伍的技术和水平是实验室水平高低最重要的标志之一。长期以来,对实验技术队伍重视不够,实验技术队伍的建设远远落后于实验技术的发展,成为提高实验技术水平的瓶颈。实验技术人员数量严重不足,学历层次普遍不高,年龄结构偏大,稳定性差,流动性大,学习交流机会太少等现象都真实存在。

只有转变观念,充分认识实验技术队伍在实验室工作中不可或缺的地位和作用;合理设岗,优化结构;内培外引,完善培养机制;有效激励,确保公平公正的待遇,才能拥有一支高素质、高水平的实验技术队伍。

(六)开放共享机制有待进一步完善

受管理机制和传统习惯的影响,国内实验普遍存在分散封闭管理的弊端,缺乏开放共享机制,仪器设备在闲置时也不能或不愿开放使用,有的仪器设备甚至功能使用尚不完全,使用机会少。

二、实验室管理与安全发展趋势

(一)推行 EHS

20 世纪 90 年代发展起来的环境(Environment)、健康(Health)与安全(Safety)管理体系(EHS)是通过系统化的预防管理机制,减少各种事故、环境和职业病隐患,从而最大限度地降低事故、环境污染和职业病发病率,最终达到改善单位的环境、健康与安全状况的管理体系。境外的高校普遍具有很强的环境保护、健康和安全意识,校园安全文化氛围浓厚,各方面措施到位,管理规范,值得国内高校学习和借鉴。

在国内高校建立和推行 EHS 管理体系,可以改进高校实验场所的健康和安全状况，改善实验条件，提高广大师生员工的安全素养和健康理念，维护师生员工的职业健康和生命安全等方面的合法权益，可以提高高校实验室科学化管理水平，提升实验室形象，创造更好的实验环境及效益，对促进建设世界一流大学和国内高水平大学具有重要意义，也符合合理利用资源、预防环境污染、保护环境健康和生命的价值理念要求。因此，在高校推行 EHS 管理体系是高校管理和发展的必然趋势，是顺应高等教育国际化潮流的具体表现。

（二）规范化

质量是实验室的生命。在质量方针的指引下，通过设置组织机构和明确职责分工，分析实验室各项质量活动及接口，制定程序文件规定各项活动的流程和方法，使各项活动能够经济、有效、协调地进行，形成实验室质量管理体系，实验室管理向专业化方向发展，日趋规范。

（三）信息化

随着信息化与数字化时代的到来，实验室管理信息化水平，实验资源共享程度已成为实验室管理水平的重要标志，实验室管理技术信息化已是大势所趋。

实验室管理科学与现代信息技术结合的产物实验室信息化管理系统（Laboratory Information Management System，LIMS）应运而生，它利用计算机技术对实验室进行全方位管理，可以提高研究、检测效率；提高研究、检测结果可靠性；提高对复杂研究、检测问题的处理能力；协调实验室各类资源；实现实验室量化管理。

（四）安全文化

安全文化在我国实验室中的应用还存在许多空白点。实验室安全文化建设要解决的问题就是要使实验室安全成为每一位实验室工作者的自主需求，让在实验室里工作的每一个人，都懂得“实验必须安全，安全为了实验”这一基本道理。同时，使每一个人掌握最基本的安全防范技能和常识，全面提升实验室安全管理水平。

从以往实验室发生安全事故的主要原因分析，人的不安全行为是造成事故发生的主要原因。安全文化建设相对于安全管理来说更具有系统性、整体性和全面性，充分发挥文化的“软管理”作用来激发师生内在积极性，可以促进师生主动遵守安全规范，自觉消除安全隐患。它使人感悟到安全文化的个性与内涵，其传播力量与感染力量最为具体而直接。

第二章　实验室安全事故

在化学实验室中，安全是非常重要的，它常常潜藏着诸如发生爆炸、着火、中毒、灼伤、割伤、触电、污染环境等事故的危险性，如何防止这些事故的发生，保证人员安全、设备完好、不污染环境，以及万一发生事故又如何急救，是每一个化学实验人员必须具备的素质。

第一节　事故隐患及事故类型

一、实验室技术安全事故隐患

（一）机械危害

机械性伤害主要指机械设备运动（静止）部件、工具、加工件直接与人体接触引起的夹击、碰撞、剪切、卷入、绞、碾、割、刺等形式的伤害，以及焊接强光、噪音、震动造成的伤害。

（二）化学品危害

许多化学品具有易燃、易爆、毒性和腐蚀性的特点，在生产、储存、运输、使用和经营，乃至废弃物处理过程中都可能发生安全事故，严重威胁人员的安全与健康，并造成环境的污染。

（三）电气危害

电气危害主要包括：

（1）对人体的伤害作用，包括触电事故、电弧引起的电伤、静电伤害等。

（2）对物体的损害，主要是设备以及房屋烧毁，引起电气装置失灵等，严重时可引起电气火灾爆炸事故。

（3）对环境的干扰和污染，主要是指电磁污染、雷电等。

（4）引起二次事故，指由于电气事故而带来的其他破坏作用的事故，如高处作业触电导致坠落,引起火灾爆炸等。

(四)辐射危害

辐射包括电磁波辐射和放射性辐射,因其具有高密度的能量,在实验室研究工作上具有很多用途,但其高能量的射线易造成对人体的伤害。

(五)生物危害

在对动物、植物、微生物等生物体的研究中,由于病原体或者毒素的丢失、泛用、转移而引发的对人类健康和赖以生存的自然环境可能造成的不安全事故。比如,经遗传修饰的生物体和危险的病原体等可能对人类健康、生存环境造成的危害等。

(六)其他危害

一般工厂所发生的伤(灾)害,如跌倒、摔跤、坠落、碰撞、火灾、粉尘、噪声等,在实验室也同样会发生。

二、实验室技术安全事故类型

实验室技术安全事故类型主要有:火灾、爆炸、毒害、机电伤人、设备损坏、生物安全及放射源辐射类事故等。

(一)火灾性事故

火灾在高校实验室事故案例中并不鲜见。其主要类型及直接诱因有如下几点:

(1)电气火灾,占实验室火灾的大多数。过载、短路、设备过热及违规操作是这类火灾发生的主要诱因。

(2)化学品火灾,主要是由于化学品使用或储存不当引起。由于许多化学品具有易燃、易爆性,一旦发生火灾,火势迅猛,难以控制,危害性大。

(3)操作不慎或违规吸烟使火源接触易燃物导致的火灾等。

近年来,不少实验室正是由于上述可能原因,引发了各种各样的火灾事故,例如,实验时使用酒精灯不慎引燃周边可燃物,引发实验室起火;石油醚洒落地上未及时清理,挥发弥漫达到燃烧浓度,遇冰箱启动电火花发生火灾;进行实验时,实验人员中途离开,未能及时监控实验过程,导致火灾发生。这些火灾事故大多造成了巨大的经济损失,烧毁实验室和设备,造成研究成果、软件、设计文档、论文资料的损失。有些严重的事故还造成人员伤亡。

（二）爆炸性事故

爆炸性事故多发生在具有易燃易爆化学品或存有压力容器的实验室，主要类型有可燃气体爆炸、化学品爆炸、活泼金属爆炸、高压容器爆炸、粉尘爆炸等。导致这类事故的主要原因有如下几点。

(1)操作不当，引燃易燃蒸气导致爆炸。

(2)搬运时使爆炸品受热、撞击、摩擦等激发引起爆炸。

(3)易燃易爆药品储存不当，造成泄漏引发爆炸。

(4)高压装置操作不当或使用不合格产品引发物理爆炸。

(5)在密闭或狭小容器中进行反应，反应产生的热量或大量气体难以释放导致爆炸。

(6)加错试剂，形成爆炸反应或形成爆炸混合物，引发爆炸。

(7)用普通冰箱储存闪点低的有机试剂引发冰箱爆炸。

(8)实验室火灾事故中引发的爆炸。

近年来，不少实验室由于上述可能原因，引发了各种各样的爆炸事故，例如，实验室存放过量过氧化甲乙酮，因操作不当引爆该试剂；实验时，误将硝基甲烷当作四氢呋喃投到氢氧化钠中，发生爆炸；实验室烘箱超期使用，因线路短路引发爆炸；实验室烘箱因大量做样，烘箱内有机物质挥发又没有及时排出导致爆炸；做氧化反应实验时，添加过氧化氢、乙醇等化学原料速度太快，发生爆炸。爆炸事故发生时，往往会造成人员死伤，整个实验室，甚至实验大楼被摧毁。

（三）毒害性事故

毒害性事故多发生在涉化类实验室，有毒药品或反应产生的有毒物质的泄漏、外流是导致这类事故的主要原因，如以下几种情况。

(1)使用有毒试剂时，疏于防护或违规操作造成的急性或慢性中毒。

(2)操作失误造成的中毒。

(3)设备老化、故障及违规操作导致有毒物质泄漏引起的中毒污染事故。

(4)排风不利引起的有毒气体中毒污染。

(5)管理不善引起有毒物质的外流造成的污染或被犯罪分子用于投毒引发的毒害事故。

(6)环保观念淡漠，随意排放实验废液、废气及固体废弃物造成的环境污染等。

（四）机电伤人性事故

机电伤人性事故多发生在有高速旋转或冲击运动的机械实验室、有带电作业的电气实验室和一些有高温产生的实验室。酿成这类事故的主要原因是：

(1)操作不当或缺少防护，造成挤压、甩脱和碰撞伤人。

(2)违反操作规程或因设备、设施老化而存在故障或缺陷，造成漏电、触电或电弧火花伤人。

近年来实验室发生的典型机械事故：

(1)做加工实验的女学生未按要求将长发束起并戴上工作帽，致使头发被加工机器绞住。

(2)没有严格按照操作规程进行车削加工操作，盲目地启动机床进行试探性操作，发生机床损坏事故。

(3)未按照指导教师要求进行铣床操作，用戴着手套的手拨抹切屑，导致手套连带手掌一同被绞入机器。

(4)实验室违规改造实验设备，未按要求进行备案及安全测评，导致事故发生。

（五）设备损坏性事故

实验设备非正常损坏，致使设备性能降低或不能使用者，均为实验设备损害性事故。此类事故的发生具有普遍性，几乎所有的实验室都可能发生。酿成这类事故的主要原因是：

(1)操作人员不懂操作规程而进行错误操作。

(2)未经批准，擅自使用、移动、装配或拆卸实验设备。

(3)设备老化，存在缺陷和故障。

(4)设备维护检查不到位，难以保证其正常运行。

(5)受到外来不可抗拒的突发事件的影响(如雷击、突然停电等)。

（六）细菌或病毒感染事故

感染性事故多发生在生物或医药学实验室，主要有细菌或病毒感染、传染事故，外源生物或转基因生物违规释放对生物多样性、生态环境及人体健康产生潜在危害等。这类事故一旦发生，对人类健康及生活环境将产生极大的危害作用。引发这类事故的主要原因是实验人员的疏忽、仪器老化故障以及对实验废弃物处理不当等。

（七）辐射事故

酿成这类事故的主要原因是：

(1)辐射防护设计和建设没有贯穿纵深防御的原则，缺少多重防御措施。

(2)实验室管理上的疏漏可导致放射源丢失、被盗、失控。

(3)违反操作规程，致使放射性同位素与射线装置失控，导致人员受到意外的异常照射。

(4)辐射工作人员擅自解除安全连锁装置或不携带剂量报警仪就进入辐射工作场所。

实验室发生的典型辐射事故：

(1)实验室无放射源存放场所却自行购入，致使放射源因管理不当丢失。

(2)实验室存放的数字式水分测定仪（含源装置）被盗。

(3)操作人员违反操作规程，安全装置失灵，辐射源未降回井内，没有携带个人剂量报警仪和便携式剂量检测仪进入辐照室，导致操作人员误照射。

（八）其他实验室安全事故

实验室还可能发生使用不当造成设备损坏的事故，管理不善或违规操作造成辐射或放射性污染的事故以及物品失窃、信息资料被盗、网络被黑客攻击等事故。

第二节　实验室事故人员急救

一旦发生实验事故，尤其是出现严重的人员伤亡时，应及时通过各种方式向外界寻求援助，如向周围呼叫，拨打急救电话 120 等。在专业救护人员到来之前，应根据伤情在现场采取必要的应急处理措施。恰当的应急处理方法可以防止伤势恶化，促进恢复，甚至挽救生命。下面将逐一介绍实验室常见事故的应急处理方法。

一、危险化学品急性中毒的应急处理方法

鉴于危险化学品种类繁多，毒性各不相同，应急处理时宜小心谨慎。急救前必须根据化学物质品种、中毒方式与当时病情进行有针对性的急救，同

时应立刻拨打急救电话，找专业医生救治。切忌盲目、不科学的施救造成伤情加重。以下总结了一些简单的应急处理方法供参考。

(一)食入中毒的现场应急处理

1.催吐

神志清醒且有知觉的人，服入有毒药品不久而无明显呕吐者，通过催吐的方法可以排除体内大量的有毒物质，减少人体对毒素的吸收，其效果往往强于洗胃。已发生呕吐的病人应多次饮清水或盐水使其反复呕吐。胃的排空时间为 1.5～4 h，催吐进行得越早，毒物就清理得越完全。

(1)物理催吐法：即用手指、筷子或棉棒刺激中毒者软腭、舌根或喉头，使其呕吐。

(2)饮服催吐法：服用吐根糖浆等催吐剂，或在 80 mL 热水中溶解一匙食盐作为催吐剂服用。

催吐时中毒者应尽量低头，身体向前弯曲或侧卧，以免呕吐物呛入肺部。中毒者处于昏迷、神志不清等状态下，非专业医务人员不可随便进行处理，更不能催吐。

2.服用保护剂

当中毒者症状不适宜进行催吐处理时，如食入酸、碱之类腐蚀品或烃类液体，可服牛奶、植物油、米汤、蛋清、豆浆等保护剂，延缓毒物被人体吸收的速度并保护胃黏膜。

3.服用活性炭

化学实验室经常使用的活性炭是一种强有力的非特异性吸附解毒剂，可吸附绝大部分毒物。成人一般使用 25～100 g，服用前可加入少量蒸馏水充分摇动润湿。

(二)吸入中毒的现场应急处理

让中毒者迅速脱离现场，向上风向转移至空气新鲜处。松开中毒者身上妨碍呼吸的衣物，保持呼吸道通畅并注意保暖。若中毒者呼吸困难，要及时给氧；呼吸、心跳停止，立即进行心肺复苏。

(三)皮肤接触的现场应急处理

立即脱去被污染衣物，用大量流动清水(如使用紧急喷淋器或自来水管)彻底冲洗。若毒物与水能发生作用,如浓硫酸等,则先用干布或毛巾擦去毒物,再用水冲洗。冲洗时忌用热水,以免增加毒物吸收。

(四)眼睛接触的现场应急处理

立即提起眼睑,用大量流动清水(如使用洗眼器)彻底冲洗。若毒物与水能发生作用,如生石灰、电石等.则先用沾有植物油的棉签或干毛巾擦去毒物,再用水冲洗。冲洗时忌用热水,以免增加毒物吸收。

二、化学灼伤的应急处理方法

(一)引起化学灼伤的原因和症状

化学灼伤是常温或高温的化学物质直接对皮肤的刺激、腐蚀作用及化学反应热引起的急性皮肤损害,可伴有眼灼伤和呼吸道损伤。化学灼伤常由强酸、强碱、黄磷、液溴、酚类等腐蚀性物质引起。伤处剧烈灼痛,轻者发红或起疱,重者溃烂,创面不易愈合。某些化学品可被皮肤、黏膜吸收,出现合并中毒现象。

(二)化学灼伤的紧急处理方法

(1)迅速移离现场,脱去受污染的衣物,立即用大量流动清水冲洗 20～30 min。碱性物质污染后冲洗时间应延长,特别注意眼及其他特殊部位如头面、手、会阴的冲洗。

(2)对有些化学物灼伤,如氰化物、酚类、氯化钡、氢氟酸等在冲洗时应进行适当解毒急救处理。

(3)化学灼伤创面应彻底清创、剪去水疱、清除坏死组织。深度创面应立即或早期进行削(切)痂植皮及延迟植皮。例如黄磷灼伤后应及早切痂,防止磷吸收中毒。

(4)灼伤创面经水冲洗后,必要时进行合理的中和治疗,例如氢氟酸灼伤,经水冲洗后,需及时用钙、镁的制剂局部中和和治疗,必要时用葡萄糖酸钙动、静脉注射。

(5)烧伤面积较大,应令伤员躺下,等待医生到来。头、胸应略低于身体其他部位,腿部若无骨折,应将其抬起。

(6)化学灼伤合并休克时,冲洗从速、从简,积极进行抗休克治疗。

(7)如患者神志清醒,并能饮食,给以大量饮料。

(8)及时就医,解毒、抗感染,进行进一步治疗。

三、触电事故应急处理方法

触电事故有两个特点:一是无法预兆,瞬间即可发生;二是危险性大,致死率高。“迅速、就地、准确、坚持”是触电急救的原则。发现人身触电事故时,发现者一定不要惊慌失措,首先要迅速将触电者脱离电源;然后立即就地进行现场救护,同时找医生救护;由于触电者经常会出现假死,对触电者的救护一定要正确、坚持、不放弃。具体步骤如下:

1. 迅速脱离电源

人体触电后,很可能由于痉挛或昏迷紧紧握住带电体,不能自拔。此时,应急处理的第一步是以最快的速度让触电者脱离电源。对于心脏骤停的触电者,立即心肺复苏!

2. 对症救治

(1)轻度受伤。一些触电者的皮肤症状表现很轻,但电击对机体产生的深部损伤,不仅触电者自己估计不足,有时连医生也估计不足。所以,遭电击后,无论伤情轻重,都应去就医。

(2)重度受伤。如触电者神志恍惚、无知觉,但心脏还在跳动,尚有微弱呼吸,应让其在空气新鲜处平躺休息,松开身上妨碍呼吸的衣物,保持呼吸道通畅并注意保暖。

如触电者失去知觉,呼吸停止,应立即进行心肺复苏,同时请他人拨打急救电话,尽快送医院抢救。

四、机械性损伤事故的应急处理方法

机械性损伤指当机体受到机械性暴力作用后,器官组织结构被破坏或功能发生障碍,又称为创伤。根据损伤处皮肤或黏膜是否完整可分为闭合性损伤和开放性损伤。

实验室常发生的机械性损伤包括割伤、刺伤、挫伤、撕裂伤、撞伤、砸伤、扭伤等。对于轻伤,处理的关键是清创、止血、防感染。当伤势较重,出现呼吸骤停、窒息、大出血、开放性或张力性气胸、休克等危及生命的紧急情况时,应及时实施心肺复苏、控制出血、包扎伤口、骨折固定、转运等。

(一)轻伤的应急处理

1.开放性损伤的应急处理

对于较轻的开放性损伤,处理的关键是清创、防感染。具体步骤如下。

(1)伤口浅时,先小心取出伤口中异物。伤口深时,如发生较深的刺伤,先不要动异物,紧急止血后应及时送医院处理。

(2)用冷开水或生理盐水冲洗伤口,擦干。

(3)用碘酊或酒精消毒周围皮肤。

(4)伤口不大,可直接贴创可贴。若没有创可贴,或伤口较大时,取消毒敷料紧敷伤处,直至停止出血。

(5)用绷带轻轻包扎伤处,或用胶布固定住。伤口深时,应按加压包扎法止血。

注意:切勿用手指、用过的手帕或其他不洁物触及伤口,勿让口对着伤口呼气,以防伤口感染。伤口较深者,应急处理后应立即送到医院使用抗生素和注射破伤风抗毒血清防止感染。

2.闭合性损伤的应急处理

闭合性损伤的急救关键是止血。具体方法如下。

(1)冷敷:用自来水淋洗伤处或将伤处浸入冷水中5～10 min。另一种方法是用冷水浸透毛巾,放在伤处,每隔2～3 min换一次,冷敷0.5 h。若在夏天,可用冰袋冷敷。

(2)取适当厚度的海绵或棉花一块,放在伤处,用绷带稍加压力进行包扎。

(3)应将伤处抬高,使高于心脏水平,以减少伤处充血。

(二)严重流血者的急救

由于大量失血,可使伤员在3～5 min内死亡。因此对严重流血者的急救关键是:切勿延误时间!对伤处直接施压止血。

急救操作步骤如下。

(1)搀扶伤者躺下,避免伤者因脑缺血而晕厥。同时尽可能抬高其受伤部位,减少出血。

(2)快速将伤口中明显的污垢和残片清除。

(3)用干净的布、卫生纸,若没有这些材料时,可用手直接按压伤口。

(4)保持按压直到血止,期间不要松手窥察伤口是否已停止流血。

(5)如果按压伤口仍然无法起到止血的作用,握捏住向伤口部位输送血液的动脉。同时另一只手仍然保持按压伤口的动作。

(6)血止以后,不要再移动伤者的受伤部位。应尽快地将伤者送医急救。

(三)骨折固定

对骨折部位及时进行固定,可以制动、止痛或减轻伤员痛苦,防止伤情加重和休克,保护伤口,防止感染,便于运送。

骨折固定的要领是:先止血,后包扎,再固定。固定用的夹板材料可就地取材,如木板、硬塑料、硬纸板、木棍、树枝条等;夹板长短应与肢体长短相称;骨折突出部位要加垫;先扎骨折上下两端,然后固定两关节;四肢需露指(趾);胸前需挂标志。骨折固定好后应迅速送往医院。

五、冻伤的应急处理方法

冻伤的应急处理是尽快脱离现场环境,快速复温。即迅速把冻伤部位放入 37～40 ℃左右(不宜超过 42 ℃)的温水中浸泡复温,一般在 20 min 以内。

六、烧伤、烫伤的应急处理方法

烧伤泛指由热力(如火焰、沸水、热油)、电流、化学物质(如强酸、强碱)、激光、放射线等所致的组织损害。

烧伤应急处理程序如下。

1.迅速脱离致伤源

应迅速脱去燃烧的衣服,或就地卧倒打滚压灭火焰,或以水浇灭火焰。

2.立即冷疗

烧伤后,为了防止发生疼痛和损伤细胞,应迅速采用冷疗方法进行紧急处理,一般在 6 h 内有较好的效果。冷却水的温度应控制在 10～15 ℃为宜,冷却时间至少要 0.5～2 h 左右。

3.保护创面

现场烧伤创面无须特殊处理,但应尽可能保持水疱完整性,不要撕去腐皮，同时用干纱布进行简单包扎即可。

烫伤与烧伤的病理生理类似，处理原则基本相同。如伤势较轻，涂上苦味酸或烫伤软膏即可；如伤势较重，不能涂烫伤软膏等油脂类药物时，可撒上纯净的碳酸氢钠粉末，并立即送医院治疗。

七、割伤、刺伤的应急处理

实验室中最常见的外伤是由锐器或玻璃仪器破碎造成的割伤或刺伤。受伤后应及时清洗双手和受伤部位，消毒创面，必要时接受进一步的医学处理。针头刺伤后的危险性因素包括：伤口的深度、有可见的血液从伤口溢出、针头刺破了静脉或动脉等。

被锐器割伤或刺伤时，应采用以下措施进行紧急处理。

(1)戴手套者应迅速、敏捷地按常规方式脱去手套。

(2)立即用健侧手从近心端向远心端挤压排出血液，以减少污染的程度；同时用流动净水冲洗伤口。

(3)用0.5%聚维酮碘(碘伏)，或2%碘酊，或75%乙醇对伤口进行消毒。

(4)疑似被HBV污染的锐器割伤或刺伤时，还应尽快注射抗乙肝病毒高效价抗体和乙肝疫苗；疑似被HIV污染的锐器割伤或刺伤时，应及时找相关专科医生就诊。

此外，由玻璃片或管造成的外伤，首先必须检查伤口内有无玻璃碎片，若有碎片，应先用镊子将玻璃碎片取出，伤势较轻时可用消毒棉和硼酸溶液或过氧化氢水溶液洗净伤口，再涂上聚维酮碘，并用消毒纱布包扎好或贴上创可贴；若伤口太深、流血不止时，可在伤口上方约10 cm处用纱布扎紧，压迫止血，并立即送往医院治疗。

八、放射性事故应急处理方法

放射性事故发生后，首先应及时准确地上报主管部门，上报内容包括发生事故地点、放射性核素名称、化学形态和数量、人身沾污及伤害情况、已采取的措施、联系人和项目负责人姓名及电话等。

九、心肺复苏术

心肺复苏术(Cardiopulmonary Resuscitation，CPR)，是用于抢救心跳

骤停患者的一组技术措施，以此来维系人的血液循环和呼吸，从而挽救生命。

心跳骤停是指各种原因引起的心脏突然停止跳动，有效泵血功能消失，引起全身严重的缺血、缺氧，其表现为：(1)突然意识丧失；(2)呼吸停止或无效呼吸(仅有喘息样呼吸)；(3)大动脉搏动消失。

心肺复苏的黄金时间是心脏骤停后 4 min 之内。因为人脑细胞对缺氧最敏感，常温下脑细胞超过 4 min 以上无氧供应则可能导致不可逆的脑损伤，高温下脑细胞 2～3 min 即发生坏死。如不及时科学救治，则伤病者生还无望。

(一)徒手心肺复苏术操作程序及步骤

不借助工具，仅用手操作心肺复苏术即为徒手心肺复苏。它通过胸外按压形成暂时的人工循环并恢复心脏自主搏动，采用人工呼吸代替自主呼吸。当发现心脏骤停伤病者而现场没有急救设备和工具时，我们应尽快实施徒手心肺复苏术以拯救生命。

传统的成人徒手心肺复苏的具体操作步骤如下。

1.识别心脏骤停并启动急救系统

(1)判断意识。

当发现有人倒地时，救助者首先要观察现场环境。在确保环境安全的前提下，最好征得对方亲属同意后再进入抢救。救助者跪在伤病者一侧，轻拍其双肩(但禁止摇晃伤病者)并在其两侧耳边大声询问“喂！你怎么啦?”，观察其有无反应。若无反应，应判定为意识丧失。

(2)翻转体位。

将伤病者翻转为复苏体位即仰卧在硬平面上。转换体位时应保持头、颈、脊柱整体一致移动，以保护脊柱，如图 2-1 所示。然后解开伤病者衣领和腰带。利用 5～10 s 扫视鼻翼有无煽动、胸腹有无起伏来判断伤病者有无呼吸。

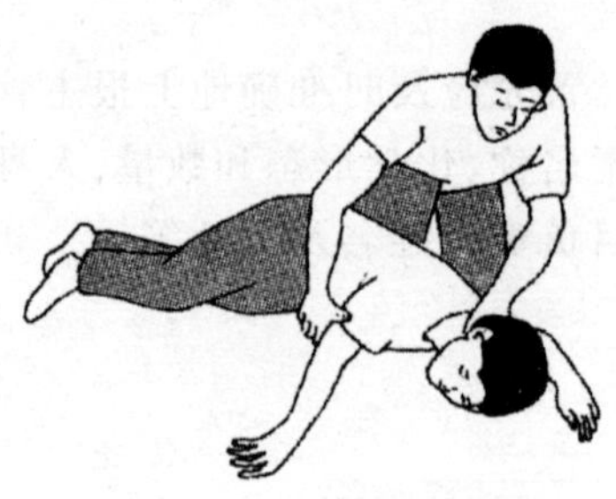

图 2-1　反转为复苏体位

2. 胸外心脏按压(Compressions)

胸外心脏按压是 CPR 的基石。所有救助者,无论是否经过训练,都应为心脏骤停伤病者施以胸外按压。通过胸外按压的方式向心脏和脑提供重要的血流量,可以为脑和心脏提供氧和能量,这一点至关重要。胸外心脏按压的具体操作为:

(1)救助者站立或跪在伤病者身体的一侧,尽量将其胸部暴露。

(2)按压点定位为胸部中央,胸骨下 1/2 处。对于无乳房畸形的一般伤病者,定位方法也可为两乳头连线和胸正中的十字交叉点,见图 2-2。

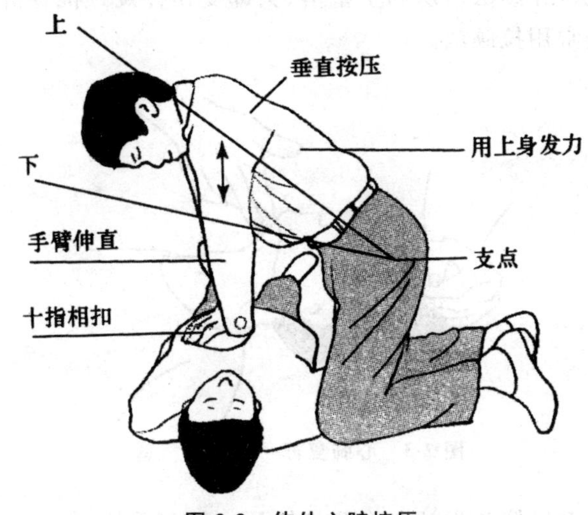

图 2-2　体外心脏按压

(3)按压手法:将一只手掌跟部紧贴在按压部位,另一只手重叠其上,双手十指交叉。救助者上身前倾,双臂垂直,双手肘部伸直。以掌根为着力点,以髋关节为轴,用上身的力量垂直向下(脊柱方向)用力、快速按压胸骨,按压速率为每分钟 100～120 次。按下后应让胸骨充分回弹,每次按下与松开的时间相等。以上是伤病者为成人或 8 岁以上儿童的按压手法,按压深度至少 5 cm,同时避免过深(大于 6 cm)。

(4)胸外心脏按压的禁忌征有:廓外伤,怀疑有肋骨骨折;胸廓畸形;心包填塞;肋骨骨折。出现以上四种情况,应由专业救护人员进行处理。

3. 开放气道(Airway)

打开气道,即 30 次胸外按压后,单人抢救者开放被救者的气道,并给予 2 次通气。在双人抢救时,第一个抢救者进行胸外按压的同时,第二个抢救者施行开放气道。在开始做人工呼吸时，第一个 30 次胸外按压也就结束了。心脏按压与通气比例为 30∶2。

先清除伤病者口腔内异物如呕吐物、假牙等，清理时最好戴上不透水的手套，以保护救助者不被感染疾病。开放气道时应使伤病者鼻孔朝天，气道方可充分打开。开放气道的常用方法有压额提颏法和拉（托）颌法，应根据伤病者具体情况进行选择。

（1）压额提颏法：伤病者无颈椎损伤，可选此法。具体操作即用一只手压住伤病者前额，另一只手食、中指并拢，放在颏部的骨性部分向上抬颏，使得颏部及下颌向上抬起、头部后仰，直至鼻孔朝天，具体操作见图 2-3。

（2）拉颌法（托颌法）：从高空坠落、头部受伤怀疑颈椎骨折的伤病者，打开气道的方法常用拉颌法。

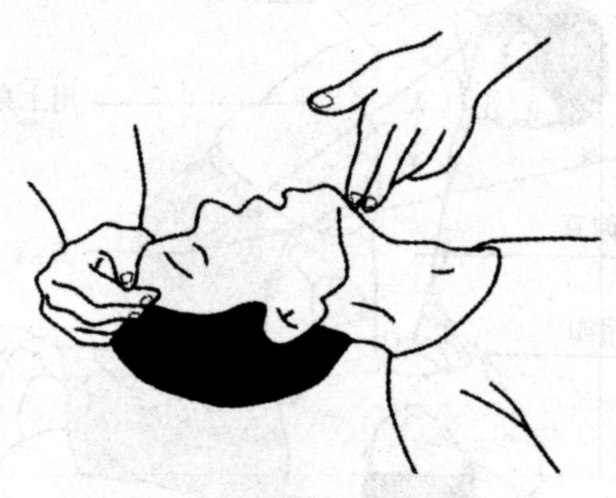

图 2-3　心肺复苏——打开气道

操作要点：（1）仰头举颏；（2）仰头抬颈；（3）双手拉颌；（4）使伤病员下颏经耳垂连线与地面呈 90°。

4. 人工呼吸（Breathing）

确定伤病者无呼吸后，救助者最好先将呼吸膜放在伤病者的嘴上或者鼻子上，以保护自己或伤病者免受感染。正常吸一口气后，捏住伤病者的鼻翼（鼻孔），用自己的嘴包严伤病者的嘴，缓慢（超过 1 s）将气吹入，吹气量以伤病者胸廓鼓起即可（成人约 500～600 mL）。应避免快速、过度吹气，否则可能造成压力性肺内损伤。吹气后，口唇离开，并松开捏鼻的手指，使气体自然呼出。

口对口吹气是一种快捷、有效的人工通气方法，如图 2-4 所示。如不能采用口对口吹气时，可口对鼻吹气。

操作要点：（1）仰头举颏，打开气道；（2）捏紧鼻孔；（3）张大口，包紧其口唇；（4）深吸气后立即吹气。

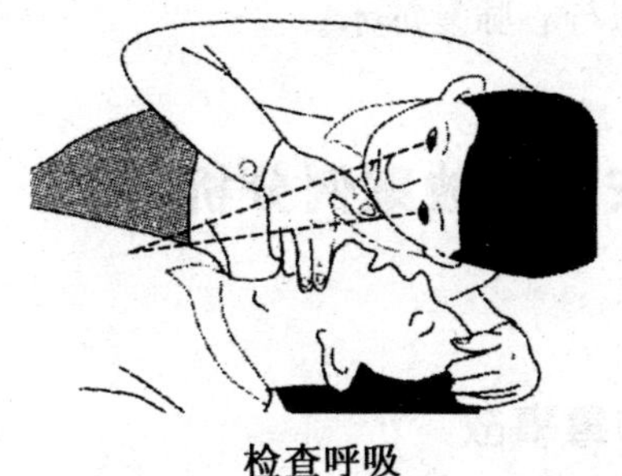

检查呼吸

口对口吹气

图 2-4　心肺复苏——人工呼吸步骤

5. 心肺复苏循环操作

对于专业救护人员和进行过 CPR 训练、有能力实施人工呼吸的非专业人员，不论是单人或双人操作，均需以胸外心脏按压与人工呼吸的比例为 30∶2 进行 CPR，即每做 30 次胸外心脏按压后，再进行 2 次人工呼吸。连续进行 5 次比例为 30∶2 的按压—通气循环操作，即是一个 CPR 循环，总时间约为 2 min。

对于未经 CPR 训练的非专业人员，或当救助者不愿意或不能给伤病者做人工呼吸时，则应继续进行单纯的胸外心脏按压。

（二）心肺复苏术有效的指标及终止抢救的标准

1. 心肺复苏有效指标

(1)颈动脉搏动：按压有效时，每按压一次可触摸到颈动脉一次搏动，若中止按压搏动亦消失，则应继续进行胸外按压，如果停止按压后脉搏仍然存在，说明病人心搏已恢复。

(2)面色：复苏有效时，面色由紫绀转为红润。

(3)其他：复苏有效时，可出现自主呼吸，或瞳孔由大变小并有对光反射，甚至有眼球活动及四肢抽动。

2. 终止抢救的标准

现场 CPR 应坚持不间断地进行，不可轻易做出停止复苏的决定，如符合下列条件者，现场抢救人员方可考虑终止复苏。

(1)患者呼吸和循环已有效恢复。

(2)有专业医护人员接手承担复苏或其他人员接替抢救。

(3)心肺复苏术持续 1 h 之后，患者无心搏和自主呼吸，瞳孔散大固定。

(4)操作者已筋疲力尽而无法再施行心肺复苏术。

第三节　实验室安全事故案例分析

一、2009年杭州某高校CO中毒事故

(一)事故介绍

2009年7月3日中午12时30分许,杭州某高校化学系博士研究生袁某某发现博士研究生于某昏厥倒在催化研究所211室,便呼喊老师寻求帮助,并于12时45分拨打120急救电话。袁本人随后也晕倒在地。12时58分,120急救车抵达现场,将于某和袁某某送往省立同德医院。13时50分,省立同德医院急救中心宣布于某抢救无效死亡。袁某某留院观察治疗,于次日出院。

(二)事故分析

杭州市公安机关在接到报警后,立即对事件开展调查。经初步调查发现,该高校化学系教师莫某某、教师徐某某,于事发当日在化学系催化研究所做实验过程中,存在误将本应接入307实验室的一氧化碳气体接至通向211室输气管的行为。莫某某、徐某某的行为涉嫌危险物品肇事罪,公安机关已立案调查,并对其采取监视居住的强制措施。

二、2010年东北某高校布鲁氏菌病山羊感染事故

(一)事故介绍

2010年12月间,由于东北某高校动物医学学院有关教师未按国家及黑龙江省实验动物管理规定,从哈尔滨市某养殖场购入4只山羊,并在以上述4只山羊为实验动物的5次实验(共涉及4名教师、2名实验员、110名学生)前,未按规定对实验山羊进行现场检疫,同时在指导学生实验过程中未能切实按照标准的实验规范,严格要求学生遵守操作规程,进行有效防护。由于上述违规行为,导致2011年3月至5月,学校27名学生及1名教师陆续确诊感染布鲁氏菌病。

（二）布鲁氏菌病

又名地中海弛张热、马耳他热、波浪热（Undulant Fever）、波状热，是一种人畜共通传染病，由布鲁氏杆菌属引致。

细菌可寄宿绵羊、山羊、猪和牛等动物，在自然生态环境中适应力较强。患者通常透过接触受感染动物的分泌物，或进食受污染的肉类或奶品而受感染，而在牧场或屠房等地方工作的人士，受感染风险会较高。

布鲁菌侵入人体后，会使人体体温上升至 40 ℃以上并引发全身抽搐等症状。而依严重程度可能造成心血管系统、运动神经系统、生殖系统、脑神经系统等病变。定期对家畜做检疫，做好家畜饲养地消毒可一定程度上预防此病。

（三）事故分析

此次实验事故，在实验室安全管理和实验操作上均存在漏洞。首先，在制度层面，开展动物实验所用山羊，应按照国家颁布的《实验动物管理条例》，办理相关检验检疫手续，以确保所用实验材料的安全可靠。采购实验材料的教职工，也未严格遵守该条例，在实验源头上将污染源带进实验室。其次，学生参加实验操作进行解剖时，个人防护层面也未严格执行，未对自身进行有效防护。

三、2010 年中国科学院某研究所实验室爆炸事故

（一）事故介绍

2010 年 6 月 9 日 13 时 40 分左右，中国科学院某研究所发生连环爆炸事件。据知情的工作人员介绍，爆炸化学物品为双氧水。此次发生爆炸的原因是过氧化氢遇到高温造成的，爆炸发生地是一个实验室的小仓库。

（二）事故原因

过氧化氢，分子式 H_2O_2，是除水外的另一种氢的氧化物，黏性比水稍微高，化学性质不稳定，一般以 30%或 60%的水溶液形式存放，其水溶液俗称双氧水。过氧化氢有很强的氧化性，且具弱酸性。

由于其性质活泼且容易分解，保存时应该尽量使用密闭容器，防止日光照射，而且不宜长时间储存。应储存于阴凉、通风的库房。远离火种、热源。

库温不宜超过 30 ℃。保持容器密封，应与易(可)燃物、还原剂、活性金属粉末等分开存放，切忌混储。储存区应备有泄漏应急处理设备和合适的收容材料。

四、2013 年南京某高校实验室爆炸事故

(一)事故介绍

2013 年 4 月 30 日，南京某高校内一平房实验室发生爆炸，引发房屋坍塌，附近居民多家玻璃被震碎，目前已造成 2 人受伤，3 人被埋。随即，南京市委宣传部官方微博“南京发布”称，9 点左右，一施工队在该高校一废弃实验室(平房)拆迁施工，发生意外事故。

(二)事故原因

此次事故事发地为该校废弃化学实验室。在爆炸发生之前，实验室内有一定数量丢弃的化学药品和储气罐。拆迁工人在对储气罐切割时发生火灾，在随后进行灭火时，发生爆炸，导致事故发生。

实验室内残留的化学药品，其化学特性未知。储气罐内气体具体名称和残留量也未知，在此状态下进行处理，是引发事故发生的前提。

因此，针对实验室废弃化学品的处理，应严格按照化学品特定的处理方法予以处理，切勿直接将丢弃作为处理手段。另外，废弃储气瓶的处理，也应严格按照具体的操作流程进行报废处理。

五、2015 年北京某知名高校化学实验室事故

(一)事故介绍

2015 年 12 月 18 日上午 10 时 10 分左右，北京某知名高校化学系一间实验室发生爆炸火灾事故，一名正在做实验的博士后当场死亡。

(二)事故原因

根据学校公布相关调查结果，事故原因为氢气钢瓶有泄漏，推测为没有意识到氢气有泄漏，从而高温实验引发氢气爆炸，爆炸产生的强冲击波引燃了实验室易燃物质。因为冲击波第一时间将该博士后击倒，故来不及自救。消防灭火用水之前已征得实验室老师同意，操作规范。

六、2016年上海某大学实验室爆炸事故

（一）事故介绍

2016年9月21日，位于上海的某大学化学化工与生物工程学院一实验室发生爆炸，两名学生受重伤，暂无教师受伤。校方向各大院系发出紧急通知，要求迅速对所有实验室开展安全检查，吸取教训，防患未然。

（二）爆炸原因

2016年9月21日该大学生物研究所实验室发生的化学实验伤害事故具体原因已基本查明，情况如下：

9月21日10时30分左右，实验室三名研究生（研究生二年级1名，研究生一年级2名）进行氧化石墨烯制备实验（三人均未穿实验服，并未带防护眼镜）。研究生二年级同学进行实验教学示范，主要过程为：在一敞口锥形瓶内放入750 mL浓硫酸，与石墨混合，随后放入一药匙高锰酸钾（未称量），在放入之前，该同学告诫两名低年级同学，可能有爆炸的危险，但就在药品加入后发生爆炸。事故造成研究生二年级同学双目失明，一名研究生一年级同学有失明的可能性，另一名学生受轻伤。

（三）事故分析

（1）在石墨烯制备实验之前，应对该实验进行合理的风险评估，预判可能发生事故的操作和反应节点。该实验采用氧化石墨法制备石墨烯，所用试剂为浓硫酸和高锰酸钾，均为强氧化性化学物质，在实验过程中使用，反应剧烈，并且伴有剧烈的放热现象。使用时，应根据相关操作规程进行。

（2）实验所用容器为敞口锥形瓶，不能用于后续反应的加热操作。实验所用试剂量较大，反应过程中热量快速释放，不能有效快速降温，也是造成爆炸的原因之一。

（3）实验操作中，应根据反应进行物料调整，不能在无化学计量条件下进行反应操作，增加了造成此次事故的不可控性。

（4）没有安全有效的实验防护措施。通报称三位人员均未穿实验服和佩戴防护眼镜，未能严格遵守实验操作守则，也是造成其中两名人员严重身体伤害的主要原因。

第三章　实验室消防安全

火灾是指火源失去控制蔓延，造成生命和财产损失的一种灾害性燃烧现象。火灾是一种终极型灾害，许多灾害都可能导致火灾的发生。火灾在破坏生态环境、夺去人的生命和健康的同时也可污染大气。

消防是预防火灾和扑救火灾的简称，是人类在同火灾做斗争的过程中，逐步形成和发展起来的一项专司防火和灭火、具有社会安全保障性质的工作。

实验室消防安全管理是对实验室防火和灭火的管理，具有很强的知识性、科学性、社会性，涉及一个单位的方方面面，且与生命安全、经济发展、社会稳定密切相关。只有普及消防法规和消防科技知识，提高消防意识，增强防范与扑救能力，才能有效地预防和减少实验室火灾的危害。

第一节　消防安全意识

一、消防安全意识是每个人不可或缺的基本素质

消防安全意识是个人自觉的消防安全动机和行为。消防安全意识强，平时可杜绝或减少火灾隐患，在火灾发生时能及时正确应对，减少火灾损失。全国每年发生20多万起火灾事故，几乎所有火灾事故都重复相同的教训，就是缺乏消防安全意识、缺少消防安全知识。因此，培养消防安全意识是每个人不可或缺的基本素质，是保障生命和财产安全的基本要求。

二、消防安全意识是社会文明建设的重要内容

消防安全关系千家万户、各行各业，人们的消防安全意识是通过消防安全行为反映出来的行为规范，既是安全的需要，也是文明建设的需要。每一个人培养消防安全意识，注重消防安全行为，既是自身安全的需要，也是公共安全的需要。个人的消防安全行为关系到公共消防安全。个人的违章行

为引起火灾事故，直接受到火灾伤害、造成严重人员伤亡和财产损失或因火灾事故而承担法律责任。

不同环境条件有不同的消防安全行为要求，如城市与农村、高层建筑与低层建筑、易燃易爆与普通场所、人员密集与非人员密集场所等。实验室是易燃易爆和人员密集的场所，对人员消防安全教育、消防安全意识的培养更为重要。

三、培养消防安全意识应从现在做起

良好的消防安全行为习惯有利于个人、家庭和国家。每年因电气、违章操作、吸烟等人为造成的火灾事故占总数的90%以上，少量的自然、雷电火灾也大多因防范措施不到位造成消防安全意识淡薄、消防安全知识缺乏、存在不安全行为，就存在火灾危险性。缺乏消防安全意识，一次疏忽，可能带来灭顶之灾。

良好的消防安全行为习惯应贯穿于工作生活的每个环节。在消防安全问题上不能存在任何侥幸心理。应提高消防安全的警惕性，落实防火减灾措施，人人都应具有消防安全的自觉性，学会处置火灾事故、具备自防自救能力。如发现火灾事故，快速反应，并做出正确处置或疏散逃生，珍惜自己的生命。努力营造全民消防氛围，从而创造一个平安、和谐的社会环境。

第二节 实验室消防设施

一、自动报警、灭火设施

（一）自动报警系统

自动报警系统一般由火灾探测器（烟感、温感、光感等）、区域报警器和集中报警器组成，也可以根据要求同各种灭火设施和通信装置联动，形成中心控制系统。火灾产生的烟雾、高温和火光，可通过探测器转变为电信号报警或启动自动灭火系统，及时扑灭火灾。

根据国家标准《火灾自动报警系统设计规范》(GB 50116—2013)，火灾自动报警系统可分为区域报警系统、集中报警系统、控制中心报警系统三种形式。

功能简单的火灾自动报警系统称为区域报警系统，适用于较小范围的

保护。它由区域火灾报警控制器和火灾探测器等组成,如图 3-1 所示。

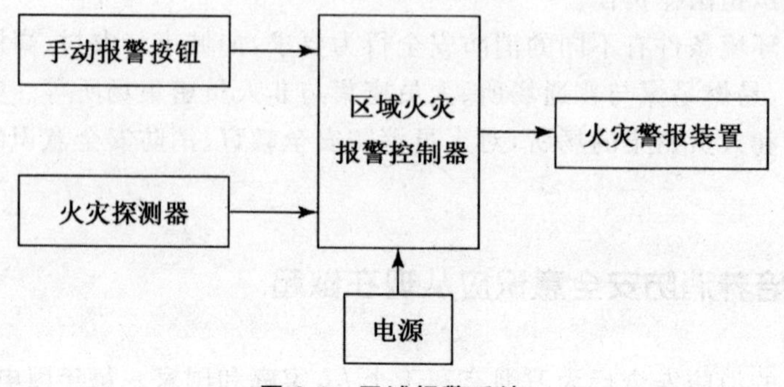

图 3-1　区域报警系统

功能较复杂的火灾自动报警系统称为集中报警系统,适用于较大范围或多个区域的保护。它由集中火灾报警控制器、区域火灾报警控制器和火灾探测器等组成,如图 3-2 所示。

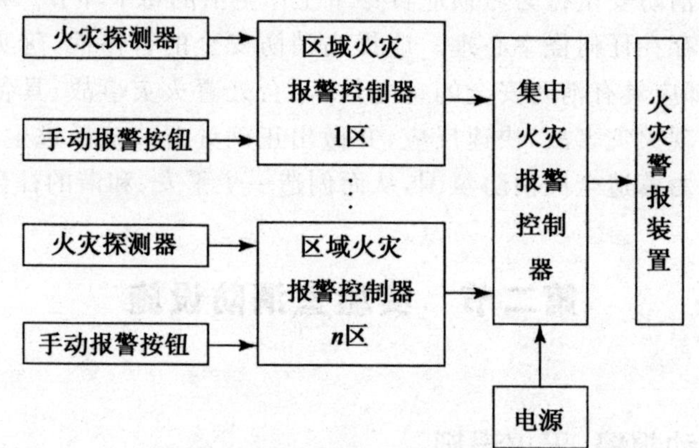

图 3-2　集中报警系统

功能复杂的火灾报警系统称为控制中心报警系统。它由消防控制室的消防控制设备、集中火灾报警控制器、区域火灾报警控制器和火灾探测器等组成,如图 3-3 所示。该系统容量较大,消防设施控制功能较全,适用于大型建筑的保护。

(二)自动灭火系统

自动灭火系统主要有自动水灭火、自动气体灭火两大类。常用的为自动喷水灭火系统,由洒水喷头、报警阀组、水流报警装置(水流指示器或压力开关)等组件以及管道、供水设施组成,能在发生火灾时喷水灭火。

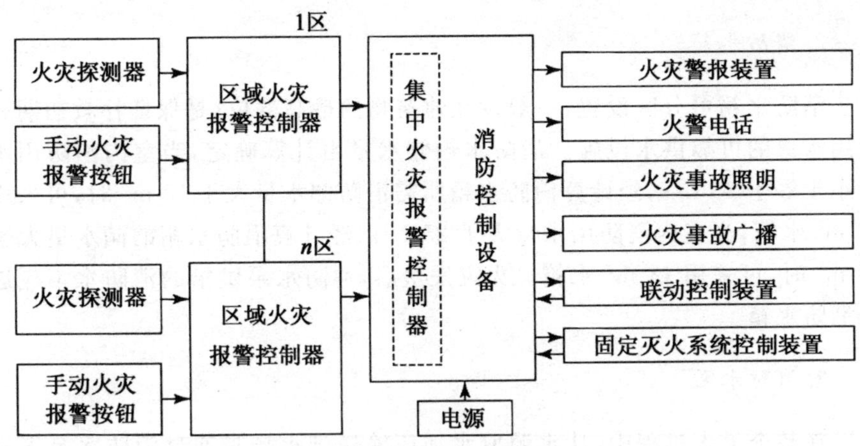

图 3-3 控制中心报警系统

（三）室内消火栓系统

室内消火栓系统安装在建筑物内的消防给水管路上，是由箱体、消火栓头、消防接口、水枪、水带（高层建筑通常还有消防软管卷盘）及消火栓按钮设备等消防器材组成的具有给水、灭火、控制、报警等功能的箱状固定式消防装置。

1. 室内消火栓

室内消火栓一般设置在建筑物走廊或厅堂等公共空间的墙体内，箱体玻璃上标注醒目的“消火栓”红色字，如图 3-4 所示。

室内消火栓禁止被隔离在房间内。消火栓（箱）前禁止放置障碍物，以免影响消火栓门的开启。

图 3-4 室内消火栓

2. 消防水箱

消防水箱可分区设置，一般设在建筑物的最高部位，是保证扑救初期火灾用水量的可靠供水设施。消防水箱储水量由计算确定，当室内消防用水量小于等于 25 L/s，经计算消防水箱所需消防储水量大于 12 m^3 时，可采用 12 m^3 水箱；当室内消防用水量大于 25 L/s，经计算消防水箱的储水量大于 18 m^3 时，可采用 18 m^3 水箱。火灾发生后，消防水泵供给的消防水不应进入消防水箱。

3. 消防水泵

在整个灭火过程中，从水源取水加压输送到火场是通过消防水泵来完成的。固定消防水泵设有备用泵，其工作能力不小于主要泵。当室外消防用水量小于等于 25 L/s 或室内消防用水量小于等于 10 L/s 时，可不设置备用泵。为保证电源强切后仍能正常运转，消防水泵应采用双电源供电。

4. 消防水泵房

消防水泵房担负着消防供水任务，应为一、二级耐火等级的建筑物。当消防水泵房设在建筑物内时，应该用耐火极限不低于 1 h 的非燃烧体墙和楼板与其他部位隔开。

5. 水泵接合器

水泵接合器是一种简单有效的备用供水快速接头，它附设于一个室内专用消防系统的街面墙根处，或一个综合室外消防专用系统的外围街道旁。

（四）室外消火栓系统

室外消火栓系统是供消防车用水或直接接出水带、水枪进行灭火的设备，主要由室外消火栓、室外消防水管和消防水池组成。室外消火栓按设置方式可分为室外地上消火栓和室外地下消火栓。

1. 室外地上消火栓

室外地上消火栓大部分露出地面，具有目标明显、易于寻找、出水操作方便等特点，适用于气温较高地区。缺点是容易冻坏、易损坏，有些场合妨碍交通、影响市容。

地上消火栓按出水口径大小和数量不同，有 SS150、SS100、SS65 三种型号。其中 SS150 型只有一个出水口，专供大型消防车取水用。SS100 型除有一个 100 mm 出水口外，还有两个 65 mm 出水口，供直接连接水带用。SS65 型则只有两个 65 mm 出水口。

2. 室外地下消火栓

地下消火栓设置在消火栓井内，具有不易冻结、不易损坏、便利交通等优点，适用于北方寒冷地区。但地下消火栓操作不便，目标不明显，因此，地下消火栓旁须设置明显标志。地下消火栓由弯头、排水口、阀塞、丝杆、丝杆螺母出水口等组成，共有三种型号，分别是 SX100A、SX100、SX150。

3. 消防水池

当市政管网给水管道或天然水源不能满足室内外消防用水量的需求时，应设置消防水池。消防水池内的消防用水一经取用后要尽快补水。消防水池的保护半径不应大于 150 m，周围应设消防车道，以便消防车从水池内取水。

4. 室外消防给水管道

室外消防给水管网布置成环状，但消防用水量不超过 15 L/s 时也可以布置成枝状。由市政管道向环状管网供水的干管不应少于两条。室外消防给水管道的最小直径不应小于 100 mm。环状管道阀门分成若干独立段，每段内消火栓数量不宜少于五个。

（五）灭火器

灭火器是可携式灭火工具，是扑救初起火灾的重要消防器材，如图 3-5 所示。

图 3-5　灭火器

灭火器按其移动方式可分为手提式和推车式；按驱动灭火剂的动力来源可分为储气瓶式、储压式、化学反应式；按所充装的灭火剂又可分为泡沫、干粉、卤代烷(对臭氧层有破坏作用，已禁止在非必要场所配置该型灭火器或灭火系统)、二氧化碳、酸碱、清水等。

二、安全疏散设施

(一)安全出口

凡是可供人员安全疏散用的门、楼梯、走道等统称为安全出口。

每个防火分区的安全出口一般不得少于两个。人员密集的公共场所，则必须根据容纳的人数确定。

安全出口的布置应分散，有明显标志，易于查找。安全出口必须保证畅通，不得封堵，不能任意减少，使用时不得上锁。

(二)疏散楼梯和楼梯间

疏散楼梯是在发生紧急情况的时候，用来疏散人群的通道。疏散楼梯包括普通楼梯、封闭楼梯、防烟楼梯及室外疏散楼梯等四种。楼梯间是指容纳楼梯的结构，包围楼梯的建筑部件。

(1)敞开楼梯间，是指建筑物内由墙体等围护构件构成的无封闭防烟功能，且与其他使用空间相通的楼梯间。这种普通楼梯在人员疏散时安全度最低，只允许在低层建筑物中使用。

(2)封闭楼梯间，是指用耐火建筑构件分隔，能防止烟和热气进入的楼梯间。封闭楼梯间的门应向疏散方向开启。

(3)防烟楼梯间，当封闭楼梯间不能天然采光和自然通风时，应按防烟楼梯间的要求设置。防烟楼梯间应设置防烟或排烟设施和应急照明设施；在楼梯间入口处应设置防烟前室、开敞式阳台或凹廊等。

(4)室外疏散楼梯，当在建筑物内设置疏散楼梯不能满足要求时，可设室外疏散楼梯作为辅助楼梯。

(三)疏散通道

从建筑物着火部位到安全出口的这段路线称为疏散通道，也就是指建筑物内的走廊或过道，如图 3-6 所示。

疏散通道不准放置物品，不准人为设门(防火分区的门除外)、台阶、门垛、管道等，以免影响疏散，疏散通道内应有疏散指示标志和应急照明。

图 3-6　疏散通道示意图

(四)消防电梯

消防电梯是在建筑物发生火灾时供消防人员进行灭火与救援使用,并且具有一定功能的电梯。

普通电梯均不具备消防功能,发生火灾时禁止搭乘电梯逃生。消防电梯有备用电源,不受火灾时断电影响。

由于火灾并非经常发生,平时可将消防电梯与普通电梯兼用。

(五)火灾应急照明和疏散指示标志(发光)

建筑物发生火灾时,正常电源往往被切断,黑暗会使人产生惊恐,造成混乱。应急照明和疏散指示标志(如图 3-7 所示)疏散逃生,可以帮助人们在黑暗或浓烟中,及时识别疏散位置和方向,迅速沿疏散指示标志疏散,避免造成伤亡事故。

图 3-7　消防应急照明灯(左)和夜光疏散指示标志(右)

三、防火分隔物

防火分隔物是指在一定时间内能够阻止火势蔓延,且能把整个建筑物内部空间划分出若干较小防火空间的物体。常用的防火分隔物有防火门、防火卷帘、防火墙、防火阀等。

(一)防火门

防火门也称防烟门(如图 3-8 所示),是用来维持走火通道的耐火完整性及提供逃生途径的门。防火门可阻隔浓烟及热力,其目的是要确保在一段合理时间内(通常是逃生时间),保护走火通道内正在逃生的人免受火灾的威胁。防火门应常闭。

图 3-8 防火门

(二)防火卷帘

防火卷帘是一种活动的防火分隔物,平时卷起在门窗上口的转轴箱中,起火时将其放下展开,用以阻止火势从门窗洞口蔓延。

防火卷帘一般设置在疏散通道、消防电梯前室、上下层连通的走廊、自动扶梯等开口部位,以及中庭、防烟楼梯等部位,平时卷放在上方或侧面的卷轴箱内,起火时可手动或自动将其放下展开。防火卷帘广泛应用于建筑的防火隔断区,除具有普通门的作用外,还有防火、隔烟、抑制火灾蔓延、保护人员安全疏散等特殊功效。

防火卷帘按耐火极限可分为钢质防火卷帘,钢质防火、防烟卷帘,无机纤维复合防火卷帘,无机纤维复合防火、防烟卷帘和特级防火卷帘,见表 3-1。

表 3-1 防火卷帘的耐火极限分类

名称	名称符号	代号	耐火极限/h	窗面漏烟量/[m^3/(m^2·min)]
钢质防火卷帘	GFJ	F2	≥2.00	—
		F3	≥3.00	—
钢制防火、防烟卷帘	GFYJ	FY2	≥2.00	≤0.2
		FY3	≥3.00	
无机纤维复合防火卷帘	WFJ	F2	≥2.00	—
		F3	≥3.00	—
无机纤维复合防火、防烟卷帘	WFYJ	FY2	≥2.00	≤0.2
		FY3	≥3.00	
特级防火卷帘	TFJ	TF3	≥3.00	≤0.2

(三)防火墙

防火墙是由不燃材料构成,具有隔断烟火及其热辐射,防止火灾蔓延的耐火墙体。安装在通风、回风管道上,平时处于开启状态,火灾时当管道内气体温度达到 70 ℃时关闭,起阻隔烟火的作用。

(四)防火阀

防火阀是安装在通风、空调系统的送、回风管路上,平时呈开启状态,火灾时当管道内气体温度达到 70 ℃时自动关闭,起隔烟阻火作用的阀门。

第三节 实验室火灾防护措施

在化学实验室里,储存摆放着各种各样的化学药品,进行着各种化学试验。在试验过程中潜藏着诸如爆炸、着火、中毒、灼伤、割伤、触电等危险性事故,这些事故的发生给人们带来严重的人身伤害和财产损失。掌握相关的实验室安全知识以及事故发生时的应急处理知识,正确、安全地使用化学药品及实验器械,可以尽可能地减少和避免实验室里安全事故的发生,即使在发生紧急事故时,也能够不慌不乱,把伤害和损失减少到最小程度。

一、电气火灾防护

当电气线路或设备在运行的过程中，产生的实际温升超过其允许的最高极限温升时，将会影响电气线路和设备的正常运行。如果产生电弧、电火花和表面高温，将使电气线路和设备的温度急剧上升，轻则使电气设备的绝缘性能遭到破坏，机械强度下降，寿命降低；重则使电气设备或线路的绝缘层被烧毁，进而引燃可燃物，引起电气火灾或爆炸事故。

（一）实验室电气火灾的特点

（1）用电设备着火或引起火灾后可能并未与电源断开，仍然带电。

（2）有些用电设备（如电力变压器、断路器、电动机启动装置等）本身充油，发生火灾时，可能喷油甚至爆炸，造成火灾蔓延，扩大火灾范围。

（3）室内放有爆炸性物质和压力设备，如气体钢瓶等，火灾易引发爆炸；引燃可燃性物质或化学品，造成火灾蔓延，难以控制，产生毒害等。

（二）电气火灾的预防措施

为了杜绝火灾的发生，首先要树立强烈的安全意识，遵守法规制度，这是预防电气事故和火灾的根基所在。坚持预防为主，对电气环境中的任何一环都要保持应有的警惕。从制度管理和技术手段两方面入手消除隐患，防止事故的发生。

1. 制度管理

（1）前期介入。在规划、设计、施工、改造、设备购置等各个阶段，都要严格把关，符合规范，技术合理，保证质量，不留隐患。

（2）合理运行，正确操作。运行期要按照设备或系统的运行条件和要求，做到合理运行，按照各设备的操作规程正确操作。

（3）巡检认真，及时到位。以设备、线路、关键点为主要对象，做到人走电断，不留后患；维护保养，细致周到；危险物品，定点存放；偶觉异常，绝不放过。

2. 技防系统

电气火灾的特性决定其技术防范的重要性和必要性。典型的技防手段是继电保护措施和采用火灾监控系统。继电保护是电气系统的工作安保，而火灾监控系统则针对火灾防范和控制。

（三）注意事项

（1）严禁私拉乱接，必须按照电气安全技术规程进行设计，安装使用时要严格遵守岗位责任制和安全操作规程。加强维护管理，及时消除隐患，保障用电安全。

（2）实验室内严禁吸烟，并要防止遗留火种。注意检修电器设备，防止发生火花或因短路、接触不良、超过负荷等原因引起线路发热而起火。

（3）室内若有氢气、煤气等易燃易爆气体，应避免产生电火花。继电器工作和开关电闸时，易产生电火花，要特别小心。电器接触点（如电插头）接触不良时，应及时修理或更换。

（4）定期检查设备的绝缘情况，力争及早发现漏电并予以消除。同时，认真进行设备的安全检查，将事故消灭在萌芽之中。

（5）实验室的电气设备和电路不得私自拆动或任意进行修理，也不能自行加接电器设备和电路，有需求时必须由专业人员进行操作。

（6）如遇电线起火，立即切断电源，用沙或二氧化碳、四氯化碳灭火器灭火，禁止用水或泡沫灭火器等导电液体灭火。

二、化学试剂火灾防护

防火就是采取措施防止火灾发生，防火是避免火灾危害的最根本、最有效的方法。从燃烧的必要条件出发，防火就是防止燃烧的三个必要条件同时存在，避免其相互作用，这是防火的基本知识，也是防火技术措施的根据。

（一）严格管理可燃物质

可燃物质在生产、运输、存储及使用中应严格遵守防火规定，在生产、运输、存储及使用可燃气体、可燃液体过程中，应防止可燃气体或液体的泄漏，将可燃物质远离火源或高温物体，这是消除火灾隐患的重要措施。

化学实验室内易燃物较多，如汽油、酒精、乙醚、丙酮等。它们不仅本身着火点很低，而且容易挥发，当它们的蒸气和空气混合后，只要遇到星星之火，就足以引起燃烧，甚至发生爆炸。要防范化学实验室内发生失火事故，首先要时刻提高警惕，加强责任感，同时还应该采取一定的措施。

通常危险物质要避免阳光照射，应贮藏于阴凉的地方，必须与火源或热源隔开。贮存的所有容器，应当标明物品名称、贮存日期和贮存者姓名。实验室冰箱和超低温冰箱使用注意事项：定期除霜、清理，清理后要对内表面进行消毒；除非有防爆措施，否则冰箱内不能放置易燃易爆化学品溶液，冰箱门上应注明这一点。妥善保管各种可燃物，贮藏、搬运和使用要予以足够重视。严禁将强氧化剂和强还原剂放在一起。

1. 一级试剂的管理

一级试剂是指闪点不大于 25 ℃的试剂，如醚、苯、甲醇、丙酮、石油醚、乙酸乙酯等。实验室的火焰口装置应远离一级试剂。储存一级试剂时，必须将容器口密封，置阴凉通风处保存。

2. 危险品库的管理

实验操作室内仅能存放少量实验需要的试剂或有机溶剂，不可贮存大量的化学危险品，化学危险品应存放在危险品库内。危险品库内不准进行实验工作，不得穿带钉子的鞋入内。危险品库应由专人保管，保管人员须经常检查在库危险品储存情况，发现泄漏及时处理。库内严禁吸烟，禁止明火照明。废旧包装不得在室内存放。搬运危险品时严禁滚动、撞击。

(二)降低助燃物的浓度

当空气中的氧气含量在 16%以下时，一般可燃物质将停止燃烧，在使用和存储可燃物质时，用中性或惰性气体覆盖其表面，使之与空气隔离，可防止其氧化燃烧。

(三)与氧化剂隔离

要经常检查储品的包装，如有损漏应立即处理，对强氧化剂如氯化钾、过氧化钠、浓硝酸等尤其要注意，它们跟易燃物接触容易引起燃烧。易挥发的可燃物质如汽油、乙醚、酒精等要分开存放，必须严密不漏气，以防它们的蒸气逸散，遇火燃烧。

(四)消除火源或与火源可靠隔离

常见的火源有明火、焊渣、烟花、摩擦和冲击火花、自燃发热明火、电气火花、电弧、电气设备表面高温、静电火花、雷电火花、高温热体和其他热源产生的高温等。消除火源，将火源与可燃物质隔离，把可燃物质温度控制在燃点以下，是预防火灾的重要措施。

(五)选择耐火阻燃材料

在有些情况下，选择耐火阻燃材料，对预防火灾的发生是十分简单和有效的措施。

(六)实验室内必须备有灭火设备

如沙箱、沙袋、灭火器、灭火毯、石棉布等。这些用品应存放在容易拿到的地方。万一实验室失火,也不要惊慌失措,沉着处理。同时应停止加热,熄灭火种。关闭通风器,停止送风。拉开电闸,切断电源。撤去火区和周围的一切可燃物以防蔓延。

三、违规操作火灾防护

严格执行操作规程是做好实验室防火工作的最基本最可靠的手段。

(1)实验人员应熟悉所使用物质的性质、影响因素与正确处理事故的方法,严格按规程操作。

(2)设置专用贮器收集废液、废物,不得弃入下水道。

(3)在使用危险物质之前,必须预先考虑到发生灾害事故时的防护手段,并做好周密的准备。

第四节 常见燃烧的扑救方法

一、扑救方法

做好防火工作,能减少火灾事故。但是由于人们的认识水平和客观条件的限制,要完全避免火灾是不可能的。因此,在做好防火工作的同时。还必须做好灭火的准备工作,一旦发生火灾,能够迅速有效地进行扑救,最大限度地减少损失。

一切灭火方法都是为了破坏已经产生的燃烧条件。灭火的方法主要有以下四种类型。

(一)冷却法

将灭火剂直接喷射到燃烧物上,将燃烧物的温度降到燃点以下,使燃烧停止;或者将灭火剂喷洒在火源附近的物体上,使其不受火焰辐射热的威胁,避免形成新的着火点,这种灭火方法称为冷却法。冷却法是灭火的主要方法。常用的灭火剂为水、二氧化碳。灭火剂在灭火过程中不发生化学反应,属于物理灭火。

（二）窒息法

通过阻止助燃物进入燃烧区或使用不燃气体冲淡可燃气体，使燃烧得不到足够的助燃物而熄灭，这种灭火方法称为窒息法。例如，用二氧化碳、氮气、惰性气体灭火，用不燃或难燃物捂盖燃烧物等，这种方法也属于物理灭火。

（三）隔离法

通过将火源与周围可燃物隔离，或将火源周围的可燃物移开，燃烧会因为缺少可燃物而停止，这种灭火方法称为隔离法。例如，关闭可燃气体、液体管路的阀门，阻止可燃物质进入燃烧区，阻拦流散的液体，拆除与火源毗连的易燃建筑物等，这种方法也属于物理灭火。

（四）化学抑制法

使灭火剂掺入到燃烧反应中，使燃烧过程中产生的游离基消失，而形成稳定分子或低活性的游离基，从而使燃烧停止，这种灭火方法称为化学抑制法。例如，用干粉灭火剂、卤族灭火剂灭火。值得注意的是，灭火剂一般同时具备几种灭火功能，例如水，不仅可以降低温度，同时其生成的水蒸气还有窒息作用。卤族灭火剂不仅具有化学抑制作用，同时还具有窒息作用。

二、常用灭火器

扑灭初起火灾可以减少火灾损失，杜绝火灾伤亡。火灾初起阶段的燃烧面积小、火势弱，在场人员如能采取正确扑救方法，就能在灾难形成之前迅速将火扑灭。据统计，以往发生火灾的70%以上是由在场人员在火灾形成的初起阶段扑灭的。因此，掌握灭火器材的使用，懂得扑灭初起火灾的方法是非常必要的。

（一）手提式干粉灭火器（图3-9）

1.灭火原理

干粉灭火器利用二氧化碳气体或氮气气体作动力，将干粉灭火剂喷出灭火。对有焰燃烧的化学抑制作用是其灭火的基本原理，同时还有窒息、冷却的作用。

图 3-9 手提式干粉灭火器

2. 适用范围

碳酸氢钠干粉灭火器适用于扑救易燃、可燃液体、气体和带电设备的初起火灾；磷酸铵盐干粉灭火器除可用于上述几类火灾外，还可扑救固体物质的初起火灾。干粉灭火器都不能扑救轻金属燃烧的火灾。

3. 使用方法

使用前先将灭火器上下颠倒几次，使筒内干粉松动，然后将食指伸入保险销环，并拧转拔下保险销。一手握住启闭阀的压把，另一只手握住皮管，将喷嘴对准起火点，用力压下压把，即可灭火。

（二）手提式二氧化碳灭火器（图 3-10）

1. 灭火原理

二氧化碳具有不能燃烧，也不能支持燃烧的性质，通过压力将液态二氧化碳压缩在灭火器钢瓶内，灭火时再将其喷出，有降温和隔绝空气的作用。

2. 适用范围

图 3-10 手提式二氧化碳灭火器

二氧化碳不燃也不助燃。当燃烧区空气中的二氧化碳浓度达 30%～35%或氧气量低于 12%时，可使多数物质燃烧窒息。二氧化碳的密度是空气的 1.52 倍，可覆盖在燃烧物的表面隔绝空气，由于其迅速汽化，吸热较多，温度骤降，为非导体，所以主要适用于各种易燃、可燃液体、可燃气体火灾，还可扑救仪器仪表、图书档案、工艺器和低压电器设备等的初起火灾。但在高温时，二氧化碳能与碱金属、碱土金属、活泼的轻金属及其合金发生化学反应，所以不能用于这类物质燃烧的灭火，也不能用于扑救硝化棉、赛璐珞、火药等本身含有氧化基团的化学物质火灾。

3. 使用方法

拔出灭火器的保险销，把喇叭筒往上扳 70°～90°。一手托住灭火器筒底部，另一只手握住启闭阀的压把。将喇叭筒近距离对准起火点，用力压下压把，即可灭火。

4. 注意事项

(1)在室外使用时，应选择在上风方向喷射。二氧化碳是一种弱毒性气体，在室内等窄小空间使用时，灭火后操作者应迅速离开，并打开房间门窗通风，确定安全后，人员方可进入，以防窒息或中毒事件发生。

(2)这种灭火器的压力随温度而变化。温度过低，压力迅速降低，其喷射强度也大大降低，失去灭火作用；温度过高，压力迅速升高，影响安全使用。因此，国家规定二氧化碳灭火器使用的温度范围为－20～55 ℃。

(三)手提式泡沫灭火器(图 3-11)

1. 灭火原理

通过筒体内酸性溶液与碱性溶液混合发生化学反应，将生成的泡沫压出喷嘴，黏附在燃烧物上，使之与空气隔绝，达到灭火的目的。

图 3-11 手提式泡沫灭火器

2. 适用范围

主要用于扑救一般 B 类火灾，如油制品、油脂等火灾，也可用于扑救木材、纤维、橡胶等 A 类火灾。不能扑救带电设备和醇、酮、酯、醚等有机溶剂的火灾。泡沫灭火剂的喷射距离远，连续喷射时间长，可用来扑救较大面积的储槽或油罐车等的初起火灾。

3. 使用方法

用手握住灭火机的提环，平稳、快捷地提往火场，不能横扛、横拿。灭火时，一手握住提环，另一手握住筒身的底边，将灭火器颠倒过来，喷嘴对准火源，用力摇晃几下，即可灭火。不能将灭火器的盖与底对着人体，防止盖、底弹出伤人；不能与水同时喷射在一起，以免影响灭火效果；扑灭电器火灾时，应先切断电源，防止人员触电。

第五节　危险化学品的灭火措施

一、气态危险化学品的灭火

压缩或液化气体总是被储存在不同的容器内，或通过管道输送。遇压缩或液化气体火灾一般应采取以下基本措施。

(1)扑救气体火灾切忌盲目扑灭火势，必须立即用长的点火棒将火点燃，使其恢复稳定燃烧。否则，大量可燃气体泄漏可与空气形成爆炸性混合物，遇着火源将会发生爆炸。

(2)实验室钢瓶管道出口处如发生燃烧，应尽快关闭钢瓶阀门。同时应扑灭外围被火源引燃的可燃物火势，切断火势蔓延途径，控制燃烧范围。

二、液态危险化学品的灭火

遇易燃液体火灾，一般应采取以下基本措施。

(1)首先应切断火势蔓延的途径，冷却和疏散受火势威胁的压力容器及密闭容器和可燃物，控制燃烧范围。

(2)及时了解和掌握着火液体的品名、比重、水溶性以及有无毒害、腐蚀、沸溢、喷溅等危险性，以便采取相应的灭火和防护措施。

比水轻又不溶于水的液体(如汽油、苯等)，可用普通蛋白泡沫、轻水泡沫扑灭，沙土、卤代烷扑救；比水重又不溶于水的液体(如二硫化碳)起火时可用水扑救，水能覆盖在液面上从而将火扑灭，用泡沫也有效。

三、固态危险化学品的灭火

易燃固体、自燃物品一般都可用水和泡沫灭火器扑救，相对其他种类的化学危险品而言是比较容易扑救的，只需控制住燃烧的范围，逐步扑灭即可。但也有少数易燃固体、自燃物品的扑救方法比较特殊，如2,4-二硝基苯甲醚、二硝基萘、萘、黄磷等。

2,4-二硝基苯甲醚、萘、二硝基萘等是能升华的易燃固体,受热发出易燃蒸气。火灾时可用雾状水、泡沫扑救并切断火势蔓延途径,但不能以明火扑灭视为完成灭火工作。扑救这类物品火灾时,一定不能被假象所迷惑,明火扑灭时向燃烧区域的上空及周围喷射雾状水,并用水浇灭燃烧区域及其周围的一切火源。

黄磷是自燃点很低,在空气中能很快氧化并自燃的固体。遇黄磷火灾时,首先应切断火势蔓延途径,控制燃烧范围,对着火的黄磷应用低压水或雾状水扑救。对磷块和冷却后已固化的黄磷,应用钳子钳入贮水容器中。

少数的易燃固体和自燃物品不能用水和泡沫扑救,如三硫化二磷、铝粉、烷基铝、保险粉等。一般可用干砂或不用压力喷射的干粉扑救。

第六节 电气火灾的灭火措施

一、切断电源

当发生电气火灾时,若尚未停电,则应想办法切断电源,这是防止扩大火灾范围和避免发生触电事故的重要措施。切断电源时应注意以下几点:

(1)必须使用可靠的绝缘工具,以防操作过程中发生触电事故。

(2)切断电源的地点选择要适当,以免影响灭火工作。

(3)剪断导线时,非同相的导线应在不同的部位剪断,以免造成人为短路。

(4)如果导线带有负荷,应先尽可能消除负荷,再切断电源。

二、防止触电

带电灭火过程中,为了防止发生触电事故,应该带绝缘橡胶手套,并保持安全距离。只能使用干黄沙和二氧化碳、干粉灭火器进行灭火的场所,不得使用水、泡沫灭火器灭火。救火人员和使用的消防灭火器等不得与有电部分接触或过于接近有电部分,以免造成触电事故。

三、充油设备的灭火

扑灭充油设备内部火灾时,应注意以下两点:

（1）充油设备外部着火时，可用二氧化碳、1211、干粉等灭火器灭火；如果火势较大，应立即切断电源，用水灭火。

（2）充油设备内部起火时，应立即切断电源，使用喷雾水枪，必要时可用砂子、泥土等灭火；外泄的油火，可用泡沫灭火器熄灭。

四、电器灭火

应该马上关闭电源，拔掉电源插头，然后用湿毯子或湿棉被等盖住电器，这样能有效阻止烟火蔓延，一旦发生爆炸也能挡住爆破物碎片飞出伤人。例如，当电视机和电脑着火时，切勿泼水或使用任何灭火器，因为温度的突然降低，会使炽热的显像管和视屏产生爆炸。另外，电视机和电脑内有可能仍带有剩余电流，泼水可能引起触电；为了防止显像管和视屏爆炸伤人，不能正面接近电视机或电脑，只能从侧面或后面接近。

五、实验室灭火

实验室发生火灾时，应首先弄清楚室内有无人员和易燃易爆物品，如果有，应立即组织人员疏散，将危险品抢运出火场，必要时进行降温处理。与此同时，组织人员进行灭火，如果火势难以控制，应立即拨打119报警。

第七节　实验室消防安全管理

一、实验室防火防爆一般原则

（1）遵守实验室规章制度，加强安全意识。

（2）熟悉实验室及其周围环境，了解实验中涉及化学品的性质，特别是可能引发火灾、爆炸的物质。

（3）实验室中易燃、易爆物品应远离火源，使用恰当的安全容器和安全柜存放实验材料、化学试剂等（如钾、钠保存在煤油中，白磷保存在水中），并正确标注。实验室人员应养成勤看标签的习惯。

（4）实验结束后立即关闭气体阀门和电器开关，控制或熄灭火源，尽量清除或减少可燃、易燃物质。

（5）实验中不能研磨某些强氧化剂（如氯酸钾、硝酸钾、高锰酸钾等）或其混合物。

(6)常压操作时，避免形成密闭体系；减压操作时，禁止使用平底瓶；加压操作时，要采取适当的防护措施。

(7)实验室内的容器在非使用状态时不要敞开放置，用毕立即盖紧瓶塞。所有金属圆筒和运送容器均应置于地面。

(8)实验室保持良好通风。

(9)配备合适的防火防爆设施。

二、实验室消防安全预防措施

针对实验室中容易引发火灾的各种因素，应从以下几方面做好工作，才能有效地减少实验室火灾事故带来的危害。

(1)建立健全实验室消防安全制度，明确责任。规章制度是安全管理的一种有效手段。建立健全和落实各项规章制度是安全工作规范化、程序化、经常化的客观要求。

(2)做好实验前的准备工作，科学地进行实验设计。实验前要认真选好实验场所、实验设备，检查实验器具的安全情况，了解仪器结构、性能、安全操作条件与防护要求；实验时一定要以国家有关规定、标准作依据，应严格遵守实验室安全防火章程、实验操作科学规范，决不可随意决定，盲目试验。

(3)加强仪器设备管理和化学实验室的药品管理。实验室中仪器设备、试剂药品、消耗品等门类繁多、数量大、规格不一等，给管理工作带来不便，如高精尖仪器的科学管理，规范操作，维护保养，定期检查，化学药品使用等，需要操作人员精心维护和管理，确保教学科研工作顺利进行。

(4)加强培训，提高实验室管理人员的安全防火技术水平。实验室工作人员安全意识的强弱和安全防火技术水平的高低，对能否确保实验室的安全有决定性影响。因此，要采取多种形式和途径进行教育和培训。如办专栏、发简报、订刊物、组织讲座和安全工作经验交流会，举办消防知识竞赛，举行消防演习、消防专项运动竞赛等。

(5)加大安全检查力度，及时消除安全隐患。主要检查设施配备是否到位，设备是否可以有效使用等，并对失效的灭火器进行及时更换。设施安装是否合理，室内外消防栓要定期检查开关的灵活性，更新已破损或超过年限的消防器材，增设消火栓和加压泵房以提高供水压力，保持安全通道畅通无杂物。

(6)做好防火档案和灭火预案，坚持防火演习。实验室消防档案要内容完整、图文清晰，发现问题随时记载。同时要结合各自特点制定扑灭初起火灾的灭火预案，并组织师生进行操作演习，使之做到训练有素，临阵不乱。

(7)及时更新和配备适合不同性质实验室使用的消防器材。由于实验室性质的不同，容易引起的火灾种类不一，因而其扑救的方法和使用的消防器材也是不同的。为此，必须配备适用不同性质实验室的专用灭火器材，并定期检查，及时更换失效的灭火器材和材料。

三、实验室消防安全基本要求

(1)实验室应根据实验仪器设备的情况合理布局，仪器设备周边应留有适当空间及正常通道，以便设备检修和人员疏散。

(2)实验室应在醒目位置张贴实验室消防疏散示意图，建立健全各种实验的安全操作规程。

(3)实验室的电气设备应符合防爆要求，实验用加热设备和燃料的使用要符合防火要求，使用的高压气瓶要采取固定措施并放置在阴凉通风且远离火源、热源的位置，易燃、易爆气体与助燃气体要隔离放置。

(4)化学实验室应设有专用试剂柜，分类存放试剂。存放化学试剂应以满足实验要求为准，不宜过多存放。实验室中碱金属、碱土金属等遇水燃烧物质，需要妥善保管，并由专人管理。

(5)实验室须配备有效的灭火器。用电仪器设备为主的实验室应配置二氧化碳灭火器，并配备适量的干粉灭火器；化学类实验室应配备二氧化碳灭火器、干粉灭火器、沙土、灭火毯等。实验室人员应会使用消防器材扑救初期火灾，并熟悉火灾应急、自救等程序。

第四章　实验室用电用水安全

电能是一种方便的能源，它的应用给人类创造了巨大的财富，改善了人类的生活。但是，如果在工作和生活中不注意安全用电，则会带来灾害。例如，触电可造成人身伤亡，设备漏电则可能酿成火灾、爆炸，高频用电可产生电磁污染等。现代实验室中存在有大量电气设备，保证实验室工作人员及电气系统的安全、仪器设备的正常运转，则需要每一个人树立安全用电意识，掌握安全用电的知识与技能。

第一节　实验室用电安全

在实验室使用各种电器设备时，要注意安全用电，以避免触电事故发生。实验室工作人员必须严格遵照安全用电基本守则，同时掌握排查实验室中常见电气故障的方法。在实验室内，电是必不可少的，要想保证实验室内的用电安全，必须了解以下内容。

一、安全用电的技术指标

（一）人体抗电参数

人体的抗电参数是指与人体抵抗各种电气危害相关的参数。

1. 人体电阻、电容

人体电阻是动态变化的，最高可达几十千欧，最低可下降到 800 Ω。人体对地电容大约为 100～150 pF。

2. 人体耐受电流

人体耐受电流分为不同的层级，即无感知电流、有感知电流、二级电击电流（可摆脱电流）和一级电击电流（不可摆脱电流）。一般情况下，2 mA 以下的电流通过人体，仅产生麻感，对人体影响不大；8～12 mA 电流通过人体，肌肉会自动收缩，身体常可自动脱离电源；超过 90 mA 即可导致接触部位皮肤灼伤，皮下组织也可因此碳化；25 mA 以上的电流即可引起心室纤颤，导致循环停顿而死亡。同时，电流伤害程度还和通电时间有关，如果通电时间过长，即使电流小到 8 mA 左右，也可使人死亡或给人以永久性重创。

（二）电气安全距离

1. 电业操作安全距离

安全距离是指进行地电位带电作业时，人体与带电体之间应保持的最小距离，其值为：10 kV：0.7 m；35 kV：1.0 m；110 kV：1.5 m。

2. 设备安全距离

电气设备及装置在实际工程中的最小设计距离见表 4-1。

表 4-1　电气装置安全距离

额定电压/kV	相对地/m		相间/m	
	屋内	屋外	屋内	屋外
10	0.125	0.200	0.125	0.200
35	0.300	0.400	0.300	0.400
110	0.850	0.900	0.900	1.000
110	0.950	1.000	1.000	1.100

（三）电场强度限值

我国多个国家技术标准规定，作业场所的工频电场强度限值为 5.0 kV/m，居民区工频电场推荐限值为 4.0 kV/m，公众磁感应强度推荐限值为 0.1 mT（运动阈值）。

（四）电磁辐射限值

根据我国《电磁辐射防护规定》，100 kHz～300 GHz 频段的电磁辐射防护限值如下：

职业照射：在每天 8 h 工作期间内，任意连续 6 min 按全身平均的比吸收率（SAR）应小于 0.1 W/kg。

公众照射：在一天 24 h 内，任意连续 6 min 按全身平均的比吸收率(SAR)应小于 0.02 W/kg。

根据我国《环境电磁波卫生标准》，环境电磁波容许辐射强度标准分为两级。电磁波容许辐射标准见表 4-2。

表 4-2 电磁波容许辐射标准

波长	单位	容许场强	
		一级(安全区)	二级(中间区)
长、中、短波	V/m	<10	<25
超短波	V/m	<6	<12
微波	μW/cm²	<10	<40
混合	V/m	按主要波段场强或按复合场强加权确定	

(五)安全电压

我国技术标准规定，工频交流安全电压的上限为 42 V，直流安全电压的上限为 72 V，实际采用值如下：

工频交流安全电压：≤36 V；较危险电压：48 V，60 V；危险电压：≥110 V。

直流安全电压：≤48 V；较危险电压：60 V，72 V，96 V；危险电压：≥110 V。

二、其他用电安全要求

(一)电气安全标志

实验室应设置明确统一的标志(如图 4-1 所示)，标志分为颜色标志和图形标志。一般采用的安全色有以下几种：

(1)红色：用来标志禁止、停止和消防，如信号灯、信号旗、机器上的紧急停机按钮等都是用红色来表示“禁止”的信息。

(2)黄色：用来标志注意危险，如“当心触点”“注意安全”等。

(3)绿色：用来标志安全无事，如“在此工作”“已接地”等。

(4)蓝色：用来标志强制执行，如“必须戴安全帽”等。

(5)黑色：用来标志图像、文字符合和警告标志的几何图形。

禁止穿带钉鞋

禁止合闸有人工作

图 4-1 常见电气安全标志

（二）安全接线

1. 选用以颜色区分的标准导线

按照规定，为便于识别、防止误操作、确保运行和检修人员的安全，必须采用不同颜色来区别。在供电方面，通常黄、绿、红三种颜色表示火线，黑色表示零线，黄绿双色线表示地线。

2. 选择合适的导线尺寸和材质

设计实验室供配电系统时，应根据用电设备运行情况并结合容量要求，选择合适的导线，以免超负荷运行导致导线过热引起漏电、短路和火灾等事故。

3. 布线和排线应规范、安全、合理

实验室的布线和排线对确保师生实验安全十分重要，应做到符合行业规范，不要乱拉、乱接电线。用于走暗线的套管一定要选用合格的 PVC 阻燃管，切记不能直接从泡沫板中穿线。

（三）特殊场所电气安全的技术要求

（1）存储、生产以及使用可燃、助燃、易燃（爆）等物体的场所或区域内的用电产品，其阻燃或防爆等级要求应符合特殊场所的标准规定。

（2）在潮湿的场所，应有特殊的用电安全措施，以保证在任何情况下人体不触及用电产品的带电部分；如果用电产品发生漏电、过载、短路或人员触电，应有自动切断电源的保护措施。

（四）实验室人员的用电安全要求

为确保实验教学顺利进行，必须首先保证师生的人身安全，规范用电安全应该切实做到以下几点：

（1）实验时，应先检查线路连接是否正确，确认无误后才能接通电源；不得用潮湿的手去触摸电器；实验结束时，应按流程切断电源。

（2）电源裸露带电部分应有绝缘装置，例如，电线接头处应裹上绝缘胶布等。

（3）修理或安装电器时，应先切断电源；不能用测电笔去测试高压电；使用高压电源应有专门的防护措施。

（4）测电笔和万用电表（如图 4-2 所示）是用来判别物体是否带电以及辨别火线和零线的电工工具。使用测电笔时必须正确握持，拇指和中指握住电笔绝缘处，食指压住笔端金属帽上（如图 4-3 所示）。

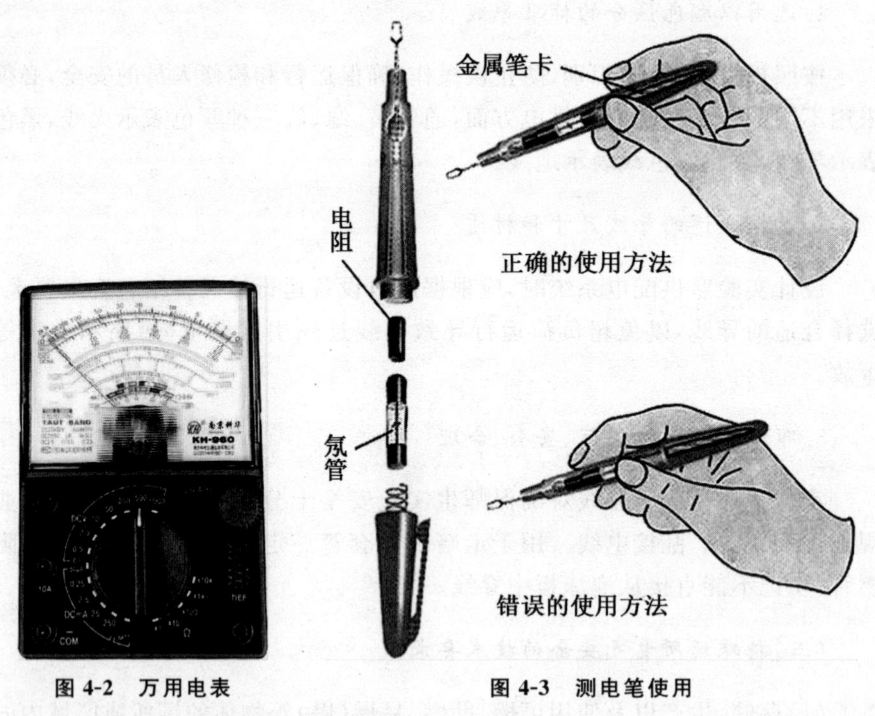

图 4-2　万用电表　　　　图 4-3　测电笔使用

三、人体对电流的反应

触电时电流对人体的伤害程度与下列因素有关。

1. 人体电阻

皮肤阻抗和人体内阻抗之和构成了人体阻抗，一般按 5 000 Ω 计，还应加上人体以外的衣服、鞋等电阻。这说明人体电阻和流经人体的电流是无法事先计算出来的，也说明衣服等对触电具有防护作用。

人体阻抗还取决于一定因素，特别是电流路径、接触电压、电流持续时间、频率、皮肤潮湿度、接触面积、施加的压力和温度等。在工频电压下，人体的阻抗随接触面积增大而变小。

2. 电流的强度

人体触电时，通过人体的电流越大，人体的生理反应越强烈，伤害越严重。

3. 触电持续时间

触电持续时间越长，对人体的危害越大，这是由于电流持续时间越长，能量积累越多，越容易引起心室颤动，使危险性增加。当触电电流超过 10 mA 时，摆脱电源的时间越短越好。

4. 电流经过人体的途径

电流作用于人体，没有绝对安全的途径。从手到胸部，电流途径短，是最危险的电流途径；从脚到脚的电流是危险性较小的途径，但可能因痉挛而摔倒，失去自我控制能力。

四、实验室常见用电错误及注意事项

实验室中常用电器如烘箱、恒温水箱、离心机、电炉等，在使用这些电器时应严防触电，绝不可用湿手或在眼睛旁视时开关电闸和电器开关。用试电笔检查电器设备是否漏电，凡是漏电的仪器，一律不能使用。

(1)使用烘箱和高温炉时，必须确认自动控温装置可靠，同时还需人工定时监测温度，以免温度过高。不得把含有大量易燃易爆溶剂的物品送入烘箱和高温炉中加热。

(2)变压器及加热设备电线接头裸露，冒火花。电源线接头应用绝缘胶布包住；禁止用湿手接触带电开关；禁止用湿、带油污或有机溶剂的手拔、插电源插头。

(3)液体进入吹风机机壳内。在使用吹风机吹干玻璃仪器时，需注意不要让液体滴入吹风机;吹风机不宜离瓶口太近。

(4)旋转蒸发仪、电炉、高压灭菌锅等用电设备在使用中,应有人看守,以防所旋蒸的物料爆沸冲料;断电时防止水泵中的水倒吸。

(5)使用机械搅拌器和恒温磁力搅拌器时,关闭仪器时需将转速调至零后再关闭电源,防止下次操作时搅拌桨快速搅拌,使溶剂溅出,还可能打断水银温度计;油浴加热时,温度传感器一定要置于控温体系中,防止无限制的加热引起危险。

五、实验室用电安全措施

为了确保在实验室工作中不致受电气的危害,实验室工作人员必须遵照如下安全用电基本守则。

(1)严格遵守电气设备使用规程,不得超负荷用电,实验室内不允许乱拉乱接电线(见图 4-4)。

图 4-4 实验室内不允许乱拉乱接电线

(2)使用电气设备时,必须检查无误后才可开始操作。

(3)开关电气开关,要使用绝缘手柄,动作要迅速、果断和彻底,以避免形成电弧或火花,及造成电灼伤。

(4)使用室内电源时首先要确认仪器使用电压(220 V 或 380 V),插头是三插还是两插。如果使用三相电源,有些设备需要确定三相电相序,不符合时可交换连接导线,调整相序。

(5)不要用潮湿的手接触通电工作的仪器,也不要用湿毛巾擦拭带电的插座、仪器设备等。

(6)避免任何带电体裸露，对不可避免的裸露部分应用绝缘材料(如绝缘胶布)等进行妥善绝缘处理。

(7)所有仪器设备的金属外壳都应按要求保护接地或保护接零(如图4-5所示)。

图4-5　接地标示

(8)新设备接线和原有设备维修时要断电，连接或维修完成后，接通电源，并及时用试电笔或万用表检查设备各部分带电情况。

(9)应保持实验室内适宜的环境温度和湿度。如果室内温度过高，可能导致电气设备散热不良，甚至烧毁，室内温度通常不应超过35 ℃；室内空气相对湿度过高容易造成短路，一般不应超过75％。

(10)实验室内不宜超量存放易燃、易爆物品(特别是挥发性较大的物质)，因为易燃、易爆物品产生的蒸气达到爆炸浓度极限后，遇电火花将引起爆炸。

(11)安装设备时，设备与设备、设备与墙体之间应留有合理距离，否则人员走动时可能会刮碰线路，维修设备时身体可能会靠墙或接触暖气，易引发触电。

(12)不应过度依靠电气开关自动控制，要经常注意观察仪器设备的工作状态，预防传感器控制失灵而导致电路失控。

(13)进行仪器设备的连接、拆装或整体移动时，严禁带电操作，否则极易发生触电事故。

(14)仪器设备使用完毕后，实验人员应及时关闭总电源，并检查加热装置分开关是否关闭。

(15)通常不应在无人监控的情况下长时间开启电气设备。

(16)如遇雷电天气，应停止带电的实验操作，避免发生雷击。

(17)实验过程中若发生停电，应关闭一切电器，只开一盏检查灯。恢复供电后，再按规定进行必要的检查，之后才能重新送电进行实验工作。

(18)需要使用高压电源时(如电气击穿试验等)，要按规定穿戴绝缘手套、绝缘靴，并站在橡胶绝缘垫上，用专用工具操作。

(19)所有电气设备和辅助设施，不得私自拆动、改装、改接或修理。

(20)室内有可燃气体或蒸气时，禁止开、关电器，以免发生电火花而引起爆炸、燃烧事故。

(21)定期检查漏电保护开关，确保其灵活可靠。

(22)电气开关箱内，不准放置杂物，并定期进行清洁。禁止用金属柄刷子或湿布清洁电气开关。

(23)若发现有人员触电，应立即切断相关电源，并迅速抢救。

(24)每天的实验工作结束后，应切断电源总开关。

第二节　实验室中常见电气故障的排查

(1)要经常检查电线、开关、插头和一切电器用具是否完整，有无漏电、受潮、霉烂等情况(如图 4-6 所示)。

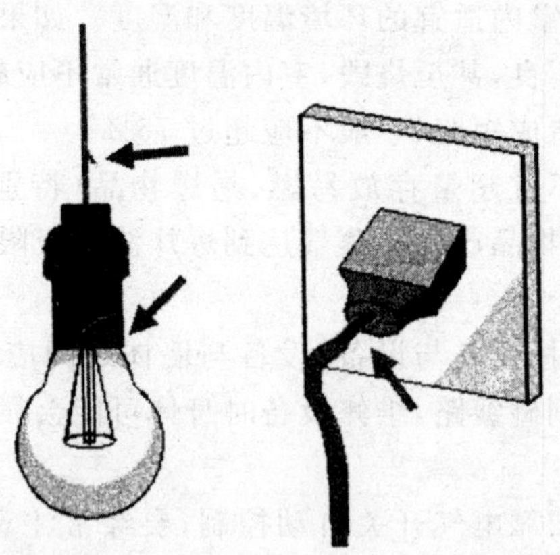

图 4-6　及时排查防止绝缘皮部分破损

(2)线路及电器接线必须保持干燥和绝缘，不得有裸露线路，若发现电线的绝缘皮剥落，要及时更换新线或者用绝缘胶布包好，以防漏电及伤人。

(3)发生电气开关跳闸、漏电保护开关开路、保险丝熔断等现象，应首先检查线路系统，消除故障，并确证电器正常无损后，再按规定恢复线路、更换保险丝，重新投入运行。

(4)检查所有电器的金属外壳确保其保护接地,使实验室内的明、暗插座距地面的高度不应低于0.3 m。

(5)使用的保险丝要与实验室允许的用电量相符,电线的安全通电量应大于用电功率,电器接触点(如电器插头)接触不良时,应及时修理或更换,防止引起火灾。

(6)检查线路中各接点是否牢固,避免电路元件两端接头互相接触,防止电线、电器被水淋湿或浸在导电液体中,以防短路。

(7)电器仪表使用之前要检查线路连接是否正确。经检查确认无误后方可接通电源。

(8)在电器仪表使用过程中若出现异常,如发现有不正常声响,电器或线路过热局部升温,嗅到绝缘漆过热产生的焦味,设备外壳或手持部位有麻电感觉,开机或使用中熔断丝烧断,机内打火出现烟雾,仪表指示超出正常范围,均应立即切断电源,并对设备进行检修。

第三节 实验室用电常见安全事故应急救援

一、触电

(一)触电类型及特点

触电事故是指电流流过人体时对人体产生不同程度伤害的事故。触电事故按照电流对人体的损害,分为电击和电伤。当电流流过人体,人体直接接受局外电能时所受的伤害称为电击;当电流转换成其他形式的能力(热能量)作用于人体时,人体将受到不同形式的伤害,这类伤害统称电伤。

根据触电时的情况,可将触电事故分为以下五种类型。

1. 单相触电

人体直接接触带电设备其中一相时,电流经过人体流入大地或接地体,此种触电方式称为单相触电,它属于直接触电的一种。单相触电的危险程度与电网的运行方式有关。

2. 两相触电

当人体的两个部位同时碰触电源的两相时,将有电流从电源一相经过人体流入另一相，这种触电方式称为两相触电。两相触电时，人体承受的电压为线电压，因此比单相触电更容易造成严重伤害。

3. 漏电触电

电气设备和用电设备在运行时，常因绝缘损坏而使其金属外壳带电，当人体触碰时，电流从带电部位经过人体流入大地或接地体，这种触电方式称为漏电触电。

4. 跨步电压触电

在带电导线触地或故障情况下的接地体周围都存在电场，当人的两脚分别接触不同点时，两脚间承受电压，电流流经两腿，这种触电方式称为跨步电压触电。

5. 高压电击

当人体靠近带高压的物体时，在人体和高压物体之间会形成击穿放电，对人体可造成一定伤害。当接触高压物体时，如果人体和大地导通，则会有电流流过人体而触电；如果人体和大地绝缘较好，则可能因带上同性电荷而被排斥开从而造成人体的机械伤害。

（二）应急措施

（1）触电事故发生后，首先应迅速查看配电系统。如果实验室总配电箱上的总漏电保护没有跳闸，应以手动方式立即扳下铡刀断电（如图 4-7 所示）。

（2）当电线搭落在触电者身上或被压在身下时，可用干燥的衣服、手套、绳索、木板、木棒等绝缘物作为工具，拉开触电者或电线（如图 4-8 所示）。

（3）如果触电者倒地或俯卧在仪器上，不要试图关闭仪器上的开关或拔掉仪器后方墙面上的众多的插头，因为此仪器可能整体带电，营救者身体会接触到仪器外壳而亦触电；也不要试图移动触电者的身体，而应迅速采取（1）中所示断电措施。

（4）进行现场急救。当触电者脱离电源后，可轻拍其肩部并高声呼唤其姓名。如发现伤员有了意识，应立即送往医院；如发现伤员无反应，应立即用手指按压其人中穴、合谷穴 5 s；如触电者呼吸心跳停止，要立即进行人工呼吸和胸外心脏按压，施行心肺复苏。

（5）及时拨打急救电话 120。

图 4-7　触电应急措施——断电

图 4-8　触电应急措施——施救

二、火灾

电器或电线过热、电火花等都有可能造成火灾或爆炸，发生火灾后的应急措施请参见本书第三章“实验室消防安全”。

三、设备损坏

(一)事故特点

电路发生断线、短路、接地不良、漏电、误合闸、误掉闸等问题时都有可能造成设备损坏。比较严重的损坏通常产生冒烟、有焦煳味等现象。

(二)应急措施

(1)出现设备损坏后,应立即切断总电源,避免再出现次级事故。

(2)在一定距离之外对损坏的仪器设备仔细观察,确定无任何危险后再靠近检修或搬运。

第四节　实验室用水安全

一、实验室用水分类

我国把实验室用水分为下列三级。通常使用三级水即可。

三级水用于一般化学分析实验,可用蒸馏或离子交换等方法制取。

二级水用于分析实验室:GB/T 6682 二级水应用;食品微生物学检验 GB 4789 的应用;缓冲液、微生物培养、滴定实验、水质分析实验、化学合成、组织培养、动物饮用水、颗粒分析用水以及紫外光谱分析;可通过多次蒸馏或离子交换制得。

一级水用于仪器分析实验:液相色谱/质谱、原子吸收、ICP/MS、离子色谱;生命科学实验:细胞培养、流式细胞仪、分子生物学实验用水等。

了解实验室用水安全,首先要清楚实验室用水的种类,用蒸馏方法制得的纯水叫作蒸馏水,用离子交换法等制得的纯水叫作去离子水。

1. 自来水

自来水是实验室用得最多的水,一般器皿的清洗、真空泵中用水、冷却水等都是用自来水。如果使用不当,就会造成麻烦,比如与电接触。针对上行水和下行水出现的故障,比如水龙头或水管漏水、下水道排水不畅时,应及时修理和疏通;冷却水的输水管必须使用橡胶管,不得使用乳胶管,上水管与水龙头的连接处及上水管、下水管与仪器或冷凝管的连接处必须用管箍夹紧，下水管必须插入水池的下水管中。

2. 蒸馏水

蒸馏水能去除自来水内大部分的污染物，但挥发性的杂质无法去除，如二氧化碳、氨、二氧化硅以及一些有机物。新鲜的蒸馏水是无菌的，但储存后细菌易繁殖。

3. 去离子水

应用离子交换树脂去除水中的阴离子和阳离子，但水中仍然存在可溶性的有机物。

4. 反渗水

利用反渗透技术可以有效去除水中的溶解盐、胶体、细菌、病毒、细菌内毒素和大部分有机物等杂质。

5. 超纯水

其标准是水电阻率为 18.2 MΩ·cm。但超纯水在 TOC(总有机碳)、细菌、内毒素等指标方面并不相同，要根据实验的要求来确定。

二、实验室中用水注意事项

(1)实验室的上、下水道必须保持通畅。应让师生员工了解实验楼自来水总闸的位置，当发生水患时，立即关闭总阀。

(2)实验室要杜绝自来水龙头打开而无人监管的现象，要定期检查上下水管路、化学冷却冷凝系统的橡胶管等，避免发生因管路老化等情况所造成的漏水事故。

(3)冬季做好水管的保暖和放空工作，防止水管受冻爆裂。

第五节 实验室安全用电管理

一、制度建设

(1)实验室应根据自身特点制定相应的安全用电操作规程，并在明显位置张贴。

(2)实验室应建立完善的安全用电管理制度,其内容应包括人员培训、设备维修管理和用电环境安全等。

二、人员管理

(1)进入实验室工作的人员应进行必要的安全用电教育。

(2)相关人员在实际操作仪器设备前,应熟悉原理、操作流程和安全注意事项。在实验过程中,应严格按照仪器说明书或规范流程进行操作。

(3)应设专人负责实验室仪器设备用电安全。由有资质的电工维修维护、升级改造配电装置,其他人员不得随意更改、扩充配电总箱、配电分箱和多联插座。

三、场所管理

(1)实验室所有室内外的用电线路和装置,应由有相关施工资质的单位架设、安装和施工。

(2)根据工作需要改、扩建实验室时,应在新用电系统建成后,立即拆除废弃不用的旧线路、旧装置。

(3)实验室用电严禁超负荷运行。实验室用电线路和配电箱、漏电保护器等装置及线路系统中的各种开关、插座、插头等均应保持完好可用状态。

(4)对于可能有易燃、易爆气体或粉尘的建筑内部,所有电气线路和用电装置应遵循相关规定,使用防爆电气线路和装置。

(5)实验室内可能产生静电的部位和装置,应有明确的标记和警示(如图 4-9 所示),并对静电可能造成的危害有必要的防护措施。

图 4-9 当心静电安全标志

四、设备管理

(1)实验室内部应对电气设备、开关等定期检查并做好记录。损坏的电气设备和开关应及时维修或更换。

(2)对于自行设计和研制的设备,在使用前须由专业人员(如有资质的电工)进行电气安全检查,符合安全使用要求后方可使用。

(3)报废的仪器设备应断开电源并及时上交学校处理,以避免给使用者造成潜在危害。

第五章　实验室危险化学品使用安全

随着科学技术的不断发展，各种日用化学品已成为人们日常生活不可缺少的一部分，化学品的生产和使用极大地丰富了人类的精神和物质生活，促进了工农业和国民经济发展，推动了整个社会的进步。然而，对于危险化学品而言，由于其特殊的性质决定其在生产、经营、储存、运输、使用和处置时存在着诸多不安全因素，一旦处理不当，就容易发生火灾、爆炸、中毒、环境污染等各种事故，对人类的生命健康和生存环境产生极大危害。

鉴于危险化学品的危害作用，需要实验室管理人员及实验操作人员能够对其按性质进行分类并按要求贮存，同时在申购和采购、验收入库和管理领用过程中严格执行实验室危险化学品管理制度。

第一节　危险化学品

根据《危险化学品安全管理条例》(中华人民共和国国务院令第 591 号)中的定义，危险化学品是指具有毒害、腐蚀、爆炸、燃烧、助燃等性质，对人体、设施、环境具有危害的剧毒化学品和其他化学品。

一、实验室危险化学品的分类

按我国目前已经颁布的标准，将危险化学品依据性质分为八大类(其主要有害性质有六种，见图 5-1)，每一类又分为若干项。总结归纳的内容见表 5-1。

爆炸性　　　　腐蚀性　　　　氧化性

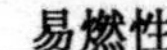

易燃性　　有毒　　放射性

图 5-1　危险化学品的性质

表 5-1　危险化学品的分类

危险化学品类型	特性
爆炸品	1.容易发生爆炸危险的物质和物品，如高氯酸； 2.容易燃烧或可能发生爆炸危险的物质和物品，如二亚硝基苯； 3.具有潜在爆炸性的物质和物品，如四唑并-1-乙酸
压缩气体 液化气体	1.易燃气体，如氨气、一氧化碳、甲烷等； 2.不燃气体（包括助燃气体），如氮气、氧气等； 3.有毒气体，如液氯、液氨等
易燃液体	如乙醛、丙酮、苯、甲醇、环辛烷、氯苯、苯甲醚等
易燃固体 自燃物品 遇湿易燃物品	1.易燃固体，指燃点低，对热、撞击、摩擦敏感，易被外部火源点燃，迅速燃烧，能散发有毒烟雾或有毒气体的固体，如红磷、硫黄等； 2.自燃物品，指自燃点低，在空气中易于发生氧化反应放出热量，而自行燃烧的物品。如黄磷、氯化钛等； 3.遇湿易燃物品，指遇水或受潮时，发生剧烈反应，放出大量易燃气体和热量的物品，有的不需明火，就能燃烧或爆炸。如金属钠、氰化钾等
有机过氧 化物氧化剂	1.有机过氧化物，指分子结构中含有过氧键的有机物，其本身易燃易爆、极易分解，对热、震动和摩擦极为敏感。如过氧化苯甲酰、过氧化甲乙酮等； 2.氧化剂，指具有强氧化性，易分解放出氧和热量的物质，对热、震动和摩擦比较敏感。如氯酸铵、高锰酸钾等
有毒品	各种氰化物、砷化物、化学农药等
腐蚀品	1.酸性腐蚀品，如硫酸、硝酸、盐酸等； 2.碱性腐蚀品，如氢氧化钠、硫氢化钙等； 3.其他腐蚀品，如二氯乙醛、苯酚钠等
放射性物品	含有放射性同位素的酸、碱、盐类等，如铀-238、钴-60、硝酸钍等

二、危险化学品的危害

大多危险化学品具有有毒、有害、易爆等特点，在生产、储存、运输和使用过程中因意外或人为破坏等原因发生泄漏、火灾爆炸，极易造成人员伤害和环境污染等事故。

（一）火灾与爆炸

危险化学品引起的火灾和爆炸事故是我国当前化工生产领域的常见、多发事故。近年来，我国化工系统所发生的各类事故中，由于火灾爆炸导致的人员伤亡为各类事故之首，由此导致的直接经济损失也相当严重。

在化学实验室中，各种危险化学品使用极为普遍，且种类繁多。实验室是科研、教学与生产的重要场所，也是易发生火灾爆炸危险的地方。

（二）人体中毒

化学品对健康的影响从轻微的皮疹到一些急、慢性伤害甚至癌症，危害更严重的是一些引人瞩目的化学灾害性事故。因此，了解危险化学品对人体危害的基本知识，对于加强化学品管理，防止中毒事故的发生是十分必要的。

有毒的化学品，不论是脂溶性的还是水溶性的，都有进入机体和损坏机体正常功能的性能。这些化学物质经呼吸道、消化道和皮肤进入人机体达一定量时，便会引起机体结构的损伤，破坏正常的生理功能，引起中毒（如图5-2所示）。

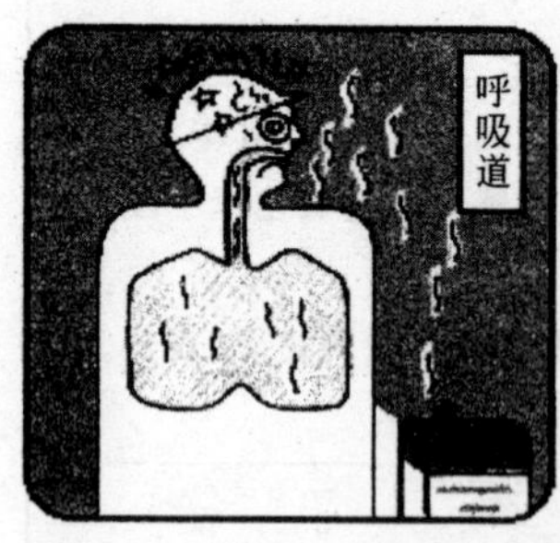

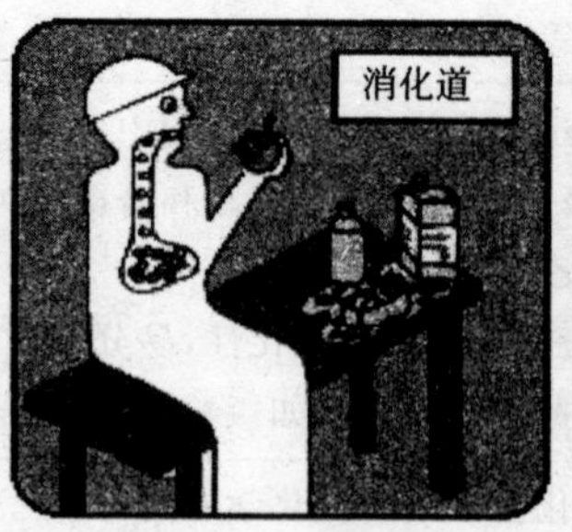

图 5-2　人体中毒的途径示意图

（1）实验中接触到的对人体有毒的某些气体、蒸气、烟雾及粉尘等能够通过呼吸道进入人体，如 CO、HCN、Cl_2、酸雾、NH_3 等。

（2）有些则可经未洗净的手，在饮水、进食时经消化道进入人体，如氰化物、汞盐、砷化物等。胃肠道的酸碱度是影响毒物吸收的重要因素。

(3)有些是通过触及皮肤及五官黏膜而进入人体，如汞、SO_2、SO_3、氮的氧化物、苯胺等。

(4)有些化学品可由几种途径同时进入人体。

有些毒物进入人体会出现急性中毒症状，有些毒物对人体的毒害可能是慢性的、积累性的，例如汞、砷、铅、苯、酚、卤代烃等，当它们起初进入人体时，量很少，症状不明显，往往被忽视，直到长期接触以后，才出现中毒的症状，因此必须加以足够的重视。

(三)环境污染

随着化学工业的发展，各种化学品的产量大幅度增加，新化学品也不断涌现。人们在充分利用化学品的同时，也产生了大量的化学废物，其中不乏有毒有害物质。化学废物毫无控制地随意排放及化学品其他途径的泄放，致使有害物质对大气、水质、土壤和动植物产生影响并达到致害的作用，不仅破坏了生物界的生态系统，也造成了环境污染，使环境状况日益恶化，对国家和人民的生命财产安全造成严重危害。

危险化学品污染环境的途径是多样的，其中主要的污染途径可分为以下四种：

(1)人为施用直接进入环境。

(2)作为化学污染物以废水、废气和废渣等形式排放进入环境。

(3)由于着火、爆炸、泄漏等突发性化学事故，致使大量有害化学品外泄进入环境。

(4)在石油、煤炭等燃料燃烧过程中以及家庭装饰等日常生活使用中，直接排入或者使用后作为废弃物进入环境。

无论危险化学品以何种途径侵入环境，都会对环境造成严重危害或潜在危害。因此，深刻认识化学品的污染危害，最大限度地降低化学品的污染和提高化学品生产和使用的安全性，加强环境保护力度，已是人们亟待解决的重大问题。

三、实验室危险化学品管理制度

(一)申购和采购

由实验室危险品管理人员准确填写危险化学品的购买申请表，经相关负责人批准后统一采购。

严格控制实验室危险化学品的采购，应按实际需用量定期定量购买危化药品、试剂，尽可能避免或减少因危险化学品剩余或久置失效产生危险废物。

（二）验收入库

危险化学品由实验室专人验收，验收合格，方可入库、入账。

（三）管理领用

（1）对危险化学品实行双人（管理人员和实验室负责人）双锁保管，领用应严格控制出库数量，按需领用，减少危害性，领用时要登记备案。

（2）对危险化学品的领用严格执行登记制度，领用人必须在使用台账、保管台账上填写名称、规格、数量、实验用途、使用地点等规定内容并签字。

（3）使用结束后，各实验室应将危险化学品清点登记后送回危险化学品贮存室；再次使用时各实验室须根据实验需要重新履行领用手续。

（4）定期检查危险化学品入库、出库、使用及库存数量等情况。

（5）危险化学品必须贮存在专用贮存室内，专用贮存室应当符合国家标准对安全、消防的要求，设置明显标志。贮存室的贮存设备和安全设施应当定期检查。贮存方式、方法与贮存数量必须遵守国家规定，如图 5-3 所示。

图 5-3　实验室化学品贮存柜

（6）实验室化学品以酸、碱、有机物的分类原则分开贮存，切忌混贮。危险化学品必须附有和危险化学品完全一致的《化学品安全技术说明书》，贮存时需参考对应的说明书。处置废弃危险化学品，依照《中华人民共和国固体废物污染环境防治法》和国家有关规定执行。

(7)实验室应制定《危险化学品泄漏应急预案》,配备应急救援人员和必要的应急救援器材、设备(见图 5-4)。危险化学品贮存室应备有合适的材料收容泄漏物,一般实验室经常使用化学品吸附棉收容泄漏物。发现危险化学品泄漏事故时,应立即组织人员排除(见图 5-5)。

图 5-4　化学品泄漏应急处理设备

图 5-5　化学品泄漏现场处理

(8)实验室需采取必要的安全措施,防止剧毒化学品被盗、丢失或者误用;发现剧毒化学品被盗、丢失或者误用时,必须立即向有关部门报告。

第二节　危险化学品防护措施

为了减小危险化学品对人体和环境的危害,人们不但要严格遵守危险化学品储存和安全使用的有关规定,还可采取一些其他有效防护措施,如实验室内保持良好的通风环境,佩戴个人防护装备,良好的个人习惯和规范化的安全管理等。

一、绿色物料和绿色工艺

现代社会提倡“绿色化学”，绿色化学的核心就是利用化学原理从源头上减少和消除有害物质对人类和环境的污染。为减少对环境的污染，各学院(研究院)应当遵循减少危险废弃物产生、合理利用危险废物和无害化处置危险废弃物的原则，尽量采取无污染或少污染的新材料、新工艺、新设备，尽可能采用无毒无害或低毒低害的实验材料，最大限度地减少实验室危险废弃物的产生。

二、通风排毒

实验过程中会产生有毒、有害废气的实验应在通风橱中进行。因此，实验室通风是实验室设计中不可缺少的一个组成部分。实验室除保持良好的自然通风外，还需配有机械排风，以保证环境中的有毒物质浓度不超过最高容许浓度，保持空气新鲜。机械通风分为局部机械排风和全室机械排风，如图 5-6 所示。

图 5-6 实验室通风设施示意图

(一)局部排风

实验室的局部排风设施包括排风罩、换气扇和通风橱。在局部排风设备里操作毒害性化学品时，有害物产生时会立即随空气排出室外。

(二)全面排风

全面排风又称稀释通风，即一方面送入足够量的经过处理的清洁新鲜空气来稀释有害物质的浓度；另一方面，不断将有害物质经处理后排出室外，并使其达到有害物浓度在国家规定的排放标准范围之内。为了使室内产生的有害气体尽可能不扩散到邻室或其他区域，可在毒物集中产生区域或房间进行全面排风，使有害空气排出，较清洁的空气从外部补充进来，从而冲淡有毒气体。

三、个体防护和个人卫生

（一）个体防护

实验室人员在接触具有毒性、腐蚀性和放射性等危险化学品时，可以佩戴一些个人防护用品，如防护服、口罩、鞋帽、防护面罩、防护眼镜、防护手套、防毒面具等（如图 5-7 所示）。这些防护用品可以隔离、屏蔽和吸收过滤有毒物质，对人体起到一定的保护作用。

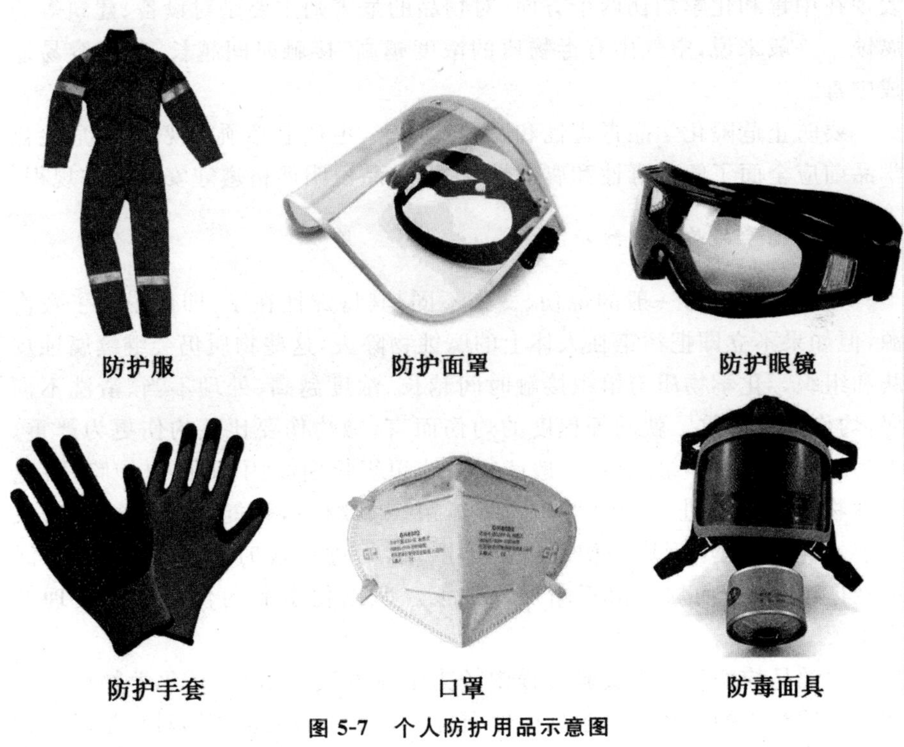

图 5-7　个人防护用品示意图

（二）个人卫生

良好的卫生习惯也是降低和消除化学品毒害的有效方法。进入实验室的人员要保持个人卫生，实验室工作人员要统一穿实验服，做到四勤（勤洗手、勤洗澡、勤剪指甲、勤换洗衣服)。实验室内禁止吃饭、饮水和吸烟,防止有毒物质从口腔、消化道、皮肤,特别是皮肤伤口处侵入人体。对于从事危险性工作的人员应进行定期健康检查,从事动物实验的相关人员应定期进行预防接种。

四、不同化学品的防护措施

许多危险化学品不仅具有易燃、易爆特性,同时还具有毒害性和腐蚀性。例如,重铬酸钠既是氧化剂,又是剧毒物品;甲酸、氢氟酸等既是腐蚀品,也属于毒害品。在一般条件下,有毒物质可以固体、液体或气体等形式存在;在危险化学品的生产、使用、储存等过程中,有时还可以呈现为粉尘、烟尘、雾、蒸气等形态。

危险化学品的毒害性和腐蚀性对人和物都有危害。对人员的危害主要表现在中毒和化学灼伤两个方面,对物品的危害则主要是对设备、建筑等的腐蚀。一般来说,空气中有毒物质的浓度越高、接触时间越长,就越容易造成中毒。

要防止危险化学品毒害性和腐蚀性危害,主观上必须重视,使用危险化学品前应全面了解其毒性和腐蚀性,按照产品说明严格遵守安全操作规程。

(一)化学品灼伤及防护

化学品灼伤与一般的烧伤、烫伤不同,其特殊性在于:即使脱离了致伤源,但如果不立即把污染在人体上的腐蚀物除去,这些物质仍会继续腐蚀皮肤和组织。化学物质与组织接触时间越长、浓度越高、处理不当、清洗不彻底,灼伤也越严重。就同等程度的灼伤而言,碱灼伤要比酸灼伤更为严重。因为酸作用于身体组织后,一般能很快使组织蛋白凝固,形成保护膜,阻止酸性物质向深层进展。而当碱与身体组织接触后,碱能与身体组织变成可溶性化合物,尽管灼伤初期可能不严重,但过一段时间后,碱继续向深度及广度扩散,使灼伤面不断加深加大。所以化学品灼伤的紧急处理尤为重要。

化学品灼伤是化学实验过程中较为常见的安全事故,是化学物质与人体接触后产生的一系列化学反应性损害。要求实验人员能够对化学品灼伤进行分类,掌握化学品灼伤的防护技术,能够在实验室工作过程中对化学品灼伤进行预防。在实验过程中一旦发生化学品灼伤事故,紧急情况下,实验人员必须首先在实验室进行适当的急救处理,并抓紧时间将被灼伤人员送往医院做进一步治疗,以将伤害减至最小。

1. 化学品灼伤的分类

化学品灼伤是在化学实验过程中经常出现的安全事故，它主要包括眼睛灼伤和皮肤灼伤。眼睛灼伤是眼内溅入碱金属、溴、磷、浓酸、浓碱等化学品和其他具有刺激性的物质对眼睛造成灼伤；皮肤灼伤有酸灼伤、碱灼伤和溴灼伤，如氢氟酸能腐烂指甲、骨头。滴在皮肤上会形成痛苦的、难以治愈的烧伤，又如被溴灼伤后的伤口一般不易愈合，因此必须严加防范化学品灼伤事故的发生。

2. 化学品灼伤的预防

(1)最重要的是保护好眼睛。在实验中根据实际情况配戴防护眼镜，防止眼睛受刺激性气体熏染，防止任何化学品特别是强酸、强碱进入眼内。

(2)禁止用手直接取用任何化学品，使用剧毒药品时除用药匙、量器外必须配戴橡胶手套，实验后马上清洗仪器用具，并用肥皂洗手。根据实际情况正确使用防护装备。

(3)尽量避免吸入任何化学品和溶剂蒸气。处理具有刺激性的、恶臭的和有毒的化学品时，如 H_2S、NO_2、Cl_2、Br_2、CO、SO_2、SO_3、HCl、HF、浓硝酸、发烟硫酸、浓盐酸、乙酰氯等，必须在通风橱中进行。通风橱开启后，不要把头伸入通风橱内，并保持实验室通风良好。

(4)使用有毒化学品时严格遵守操作规范，严禁在酸性介质中使用氰化物。

(5)禁止口吸吸管移取浓酸、浓碱、有毒液体，应该用洗耳球吸取。禁止冒险品尝或用鼻子直接嗅化学品。

(6)不要用乙醇等有机溶剂擦洗溅在皮肤上的化学品，这种做法反而会增加皮肤对化学品的吸收速度。

(7)实验室里禁止吸烟进食，禁止赤膊穿拖鞋。

(二)毒害性化学品的防护措施

(1)通过改良实验方案尽量减少有毒物质的使用，尽量以无毒、低毒物质代替有毒、高毒物质。尽量利用自动化、密闭化、连续化的实验过程，以减少人与有毒物质的接触机会。

(2)保持良好通风是减少中毒发生的重要措施。通风方式可以是自然通风和机械通风，一般在进行毒害性化学品操作的实验室都应配备通风柜和换气扇等机械通风设施，使环境中的有毒物质浓度不超过最高容许浓度。

(3)实验前应仔细检查盛放有毒物质的容器是否存在泄露，管道、阀门是否连接正确。

(4)在实验条件不能完全保证环境中有毒物质浓度低于最高容许浓度时,必须采取个人防护措施。通过防护服、口罩、鞋帽、防护面罩、防护眼镜、防护手套等起到隔离和屏蔽作用;通过呼吸过滤器等起到吸收过滤有毒物质的作用。

(5)经常洗手、洗澡和清洗工作服可以及时清除附着在皮肤上的有毒化学品,防止有害物质通过皮肤、口腔、消化道侵入人体。另外,严禁在有毒害性化学品的场所进食、饮水和吸烟。

(三)腐蚀性化学品的防护措施

(1)保持室内良好通风,存放腐蚀性物品的容器应密封良好且放置安全。

(2)装有腐蚀性物品的容器必须采用耐腐蚀材料制作,储存容器须根据不同的腐蚀性合理使用。例如,盐酸可用耐酸陶坛;硝酸应该用铝制容器;磷酸、冰醋酸、氢氟酸用塑料容器。

(3)搬运、使用腐蚀性物品时要穿戴好个人防护用品,操作时应轻拿轻放,防止腐蚀性化学品溅到皮肤或衣服上。

(4)含有酸、碱等腐蚀性化学品的废液应经过处理,达到国家排放标准后才能排放。对腐蚀性气体、液体流经的管道、阀门应经常检查,及时维护、维修和更换。

(5)有腐蚀性挥发气体的实验室应具有良好的局部通风或全室通风,并远离精密仪器设备。必要情况下,可采用专门防腐罩或采取其他防护措施,防止腐蚀精密仪器。

第三节　危险化学品事故应急救援

一、中毒的现场抢救

为减少化学毒物引起的中毒事故,实验人员应了解毒物性质、侵入途径、中毒症状和急救方法。一旦发生急性中毒事故,能争分夺秒地采取正确的救护措施,力求在毒物被身体吸收之前实现急救,使毒物对人体的损伤减至最小。

发生急性中毒事故,在时间和医疗条件允许的情况下,应立即将中毒者送往附近医院进行救治，护送者应向院方说明中毒的原因。如不能立即送达医院，需要进行现场抢救。及时、正确地实施现场抢救，对于挽救中毒者的生命、减轻中毒症状具有重要意义，同时也为医院救治争取了时间。

实验室急性中毒常用的救护方法有以下几种：

(1)对于急性中毒者的抢救，主要是在送往医院或医生来到之前，立即将中毒者从中毒区域救出，并设法排除其体内的毒物。将中毒者移离中毒现场，至空气新鲜场所给予吸氧，在抢救抬运过程中，不要强拖硬拉以防造成外伤，使病情加重；松解中毒者衣领和腰带，并仰卧以保持呼吸道畅通；注意保暖。对于可能引起化学性灼伤或能经皮肤吸收中毒的部分更要充分冲洗，时间一般不少于 20 min，并考虑选择适当中和剂做中和处理。眼睛有毒物溅入或引起灼伤时要优先迅速冲洗。

(2)必须保护中毒者的呼吸道通畅，防止梗阻。密切观察中毒者意识、瞳孔、血压、呼吸、脉搏等生命体征，发现异常立即处理。

(3)有毒气体中毒时，应将中毒者移至空气流通的地方，进行人工呼吸，输氧；若二氧化硫、氯气刺激眼部，用 2%～3% $NaHCO_3$ 溶液充分洗涤；咽喉中毒用 2%～3% $NaHCO_3$ 溶液漱口，并饮牛奶或 1.5%的 $MgCl_2$ 悬浮液。

(4)误食毒物时应立即给中毒者服下催吐剂，如肥皂水、芥末和水、面粉和水、鸡蛋白、牛奶和食用油等，然后用手指伸入喉部使其引起呕吐。

(5)有毒物质落在皮肤上，可参照化学灼伤的处理方法予以处理后送医院治疗。

(6)对中毒引起呼吸、心跳停止的中毒者，应立即对其进行心肺复苏术。

二、化学品灼伤的急救

腐蚀性危险化学品接触皮肤，会灼伤人体组织，刺激眼睛、黏膜，吸入后会中毒。实验室人员在操作腐蚀性危险化学品时，除了要做好个人防护，还要了解灼烧的应急处理方法，在事故发生时，可以及时采取有效救助措施，将危害降到最低。

一般化学类实验室都配置有紧急喷淋装置，如喷淋器和洗眼器(见图5-8 和图 5-9)。当事故发生时，应立即移离现场，如果是皮肤及衣物被腐蚀者，应立即脱去被污染衣物，用大量流动自来水或清水冲洗创面，冲洗时间一般不少于 15 min。如溅入眼内，也应在现场立即用大量清水或生理盐水彻底冲洗。受灼烧的皮肤和眼睛用清水冲洗后，可用一定药物处理，再送医院就医。

图 5-8 喷淋器

图 5-9 洗眼器

（一）烫伤

烫伤后切勿用冷水冲洗。如伤处皮肤未破，可在伤口处抹烫伤油膏或万花油；如伤处皮肤已破，可涂 10% $KMnO_4$ 溶液润湿伤口，再抹烫伤膏。

（二）割伤

应先挑出伤口中的异物。轻伤可在伤口上涂紫药水，再用消毒纱布包扎；伤口较重，应立即到医院医治。

（三）受酸腐蚀

大量清水冲洗后，若皮肤灼烧，可用 2%～5%碳酸氢钠溶液、淡石灰水、肥皂水等进行中和，再用大量清水冲洗；如溅入眼中，可用 1%碳酸氢钠溶液冲洗，再用大量清水冲洗。

（四）受碱腐蚀

大量清水冲洗后，若皮肤灼烧，可用 1%～2%醋酸或 3%硼酸溶液进一步冲洗，再用大量清水冲洗。如溅入眼中，可先用 2%～3%硼酸溶液冲洗，再用大量清水冲洗。

（五）溴灼伤

凡用溴时都必须预先配制好适量的 20% $Na_2S_2O_3$ 溶液备用。一旦有溴沾到皮肤上，立即用 $Na_2S_2O_3$ 溶液冲洗，再用大量水冲洗干净，包上消毒纱布后迅速就医。

注意事项：在受上述灼伤后，若创面起水泡，均不宜把水泡挑破。

(六)黄磷灼伤

脱去污染的衣物，并立即用清水或5%硫酸铜溶液或3%过氧化氢溶液冲洗（由五氧化二磷、五硫化磷、五氯化磷引起的灼伤禁用水洗），再用5%碳酸氢钠溶液冲洗中和所形成的磷酸，然后用1∶5 000高锰酸钾溶液或2%硫酸铜溶液湿敷，以使皮肤上残存的黄磷颗粒形成磷化铜。

三氯化磷、三溴化磷、五氯化磷、五溴化磷、溴等触及皮肤时，应立即用清水冲洗15 min以上，再送往医院救治。磷烧伤也可用湿毛巾包裹，或用1%硝酸银或1%硫酸钠冲洗15 min后进行包扎。禁用油质敷料，以防磷吸收引起中毒。

三、危险化学品遗洒、泄漏

发生危险化学品遗洒、泄漏时，如果处理不当，危险化学品不但会对周边环境造成长期的污染，引起人体中毒甚至死亡，而且易燃易爆的危险化学品可能会引起火灾和爆炸，造成周围大面积毁坏性的破坏。因此，对遗洒或泄漏的危险化学品应该及时进行安全处理，防止二次事故的发生。

(1)事故比较严重时，应立即设置隔离线并通知附近人员撤离，同时报告学校相关部门，由专业人员处理。

(2)进入泄漏现场者必须做好个人防护，穿好防护服，佩戴防护面具。应从上风或山坡处接近现场，严禁盲目进入。

(3)如果泄漏物是易燃、易爆的危险化学品，则泄漏区域附近应严禁火种，切断电源，以防发生火灾爆炸的危险。

(4)出现泄露情况后，操作人员应立即停止实验操作，在能够保障自身安全的前提下及时关闭前端阀门，采用适合的材料和技术手段堵住泄漏处。

(5)对于泄漏物，应根据具体情况采取不同的应急措施。一般分为围堤堵截法、稀释中和法、覆盖法、吸收法、冲洗法和收集法。如可用沙土围堵大面积泄漏的危险化学品；用水稀释或其他物质中和具有强腐蚀性的危险化学品；小量苯泄漏，尽可能将泄漏液收集在密闭容器内，用砂土、活性炭或其他惰性材料吸收残液。

四、危险化学品火灾

由危险化学品引起的火灾的应急措施请参见本书第三章“实验室消防安全”。

第四节　实验室危险化学品安全管理

危险化学品由于具有危险特性，在存储、使用、处置过程中，若处理不当，极易造成事故，轻则影响实验室运行，重则造成人员伤亡，严重污染环境。因此，危险化学品的安全管理显得尤为重要。

一、储存危险化学品的一般原则

（1）危险化学品应置于适当的容器中并标注名称，存放在危险化学品专用库房，由专人负责保管。

（2）易燃化学品宜存放于通风良好的试剂柜中。

（3）挥发性液体应贮存于阴凉和远离日照或热源的地方。

（4）危险化学品不应放在高处，以避免取用时容器坠落发生意外。

（5）高活性的化学品须存放于适当浸盖液内，防止与空气接触产生化学作用。

（6）碳化钙、四氯化硅、二氯化二硫、三氯化磷或五氯化磷等容易与水反应的化学品，应贮存于密封容器或干燥器中，避免受热或受潮，且储存量不宜超过日常所需的最高用量。

（7）各个实验室应自制“实验常用危险化学品安全数据表”，内容包括所用危险化学品的性质、安全处理程序、事故急救方法及应急措施等，供实验室使用者随时参考。所有化学品应有详尽、实时的领用、存量和使用记录。

（8）使用、储存危险化学品的实验室应配备相应的收集容器和灭火器材。

（9）应定期检查所储存的化学品。发现化学品标签模糊不清或脱落，应立即更换。发现试剂变质、泄漏等迹象，要及时处理。

二、实验室危险化学品的贮存

贮存、使用危险化学品，应当根据危险化学品的种类、特性，在库房等作业场所设置相应的安全设施、设备，并按照国家标准和国家有关规定进行维护、保养，保证符合安全运行要求。

（一）易燃液体、遇湿易燃物品、易燃固体的贮存

易燃液体、遇湿易燃物品、易燃固体的存放要专库专人保管，保管人员应定期检查存放安全和库房消防设备的有效性，发现问题及时报告。不得与氧化剂混合贮存。氧化剂要单独存放。

（二）剧毒品的贮存

剧毒品应执行“五双”制度，即双人验收、双人保管、双人发货、双把锁、双本账的管理体制。剧毒品配制过程应详细记录数量、浓度、配制人、复核人、配制日期、有效期等；使用过程应详细记录消耗量、处理方式、处理去向、使用人、复核人；使用过程中的保存应符合“五双”制度的要求，不要露天存放，不要接近酸类物质。

（三）低沸点有机溶剂的贮存

低沸点有机溶剂应低温贮存（如防爆冰箱），防止爆炸。

（四）强氧化性物品的贮存

强氧化性物品的管理要保持存放处低温、空气流通性好。要远离易燃或可燃物，不能和易氧化物质混合存放。

（五）强腐蚀性物品的贮存

强腐蚀性物品要求存放处阴凉、通风，药品柜要耐腐蚀，不允许与液化气体和其他药品共存；强酸强碱化学试剂应上锁贮存，防止挪作他用。

（六）爆炸品的贮存

爆炸品不得和其他类物品一起存放，必须单独隔离限量贮存。

（七）放射性物品的贮存

放射性物品要单独存放，同时要备有防护设备、操作器、操作服等以确保人身安全。

三、危险化学品的安全使用

（1）在实验室里进行萃取、蒸馏、过滤或结晶的操作时，往往使得危险物

质的浓度急剧升高，增大了危险性。对摩擦和冲击非常敏感的物质或结晶体，在过滤其溶液时不要用玻璃滤器等容易产生摩擦热的器具，使用后的滤纸应妥善处理；结晶操作应按照生成结晶物的安全标准进行。

(2)回流操作实验中，可能因突沸或过热喷出可燃性液体。在使用可燃性溶剂进行回流操作或蒸馏低闪点溶剂时，附近严禁明火。

(3)反复循环使用的反应液可能造成不稳定物质浓度增高，应随时了解浓度并及时补充或更换新的反应液。

(4)很多危险化学品用惰性溶剂稀释之后比较安全，而且在这种状态下可以长期保存。但是，若这种溶液洒在布、纸等易燃物品上，待溶剂蒸发变干后这类物品就会具有一定危险性，所以应避免将溶有危险化学品的溶剂洒到易燃物品上，若有遗洒，要及时处理。

(5)易燃液体本身不会燃烧，它们的蒸气才会燃烧，为避免蒸气浓度过高，须有良好的通风，要在通风橱中操作。

(6)易燃液体应远离燃烧源(明火、静电、热表面)，加热易燃液体时可使用水浴、油浴、加热套和沙浴。

(7)实验前应了解所用化学药品的毒性、性能和防护措施。使用有毒气体(如 H_2S、Cl_2、Br_2、NO_2、HCl、HF)或易挥发的有毒液体(如四氯化碳、乙醚、硝基苯等)应在通风橱中进行操作，使用场所要备有防毒面具和其他防护用具。

(8)苯、四氯化碳、乙醚、硝基苯等蒸气经常久吸会使人嗅觉减弱，必须高度警惕。

(9)有些毒性化学品(如苯、有机溶剂、汞等)能穿过皮肤进入人体，应避免直接与皮肤接触。

(10)领用的危险化学品、剧毒品及易制毒化学品应立即配成溶液，用后将废液统一收集后立即处理。

(11)粉尘较多的实验室，应注意消除静电。

(12)当危险的药品泄漏、洒落或堵塞时，应按预先制定的处理方案实施，防止事故扩大。

(13)处置危险化学废弃物时，应事先确认化学品种类，防止因相互化学反应发生安全事故。

(14)在处理具有刺激性的化学品时，应在通风橱内或通风良好的空间进行，并戴防护手套。患有哮喘的师生应特别注意，避免嗅闻此类化学品。

(15)不能把易燃化学品倾倒入排水槽，否则极易引发火灾。

四、危险化学废弃物的处理

在教学和科研过程中，不可避免地会产生一定数量的化学废弃物。化学废弃物包括废气、废液和废渣三类。虽然实验室产生的废弃物的数量不是很大，但种类繁多，加上组成经常变化，有的高危高毒，所以最好不要集中处理，而由各个实验室根据废弃物的性质，分别加以处理。为了保持实验室和教学楼的安全与整洁，防止化学污染，保护周边环境，必须规范对有毒有害废液、废气和废渣等危险化学废弃物的管理。

(1)由化学性实验室、生化性实验室及物理性实验室或校内实习场所等产出的各类废液、废渣不能随意掩埋、丢弃，须放入专门的容器中收集，报实验管理中心统一处置。

各学院(研究院)对分类收集的实验室危险废弃物，由各单位暂时妥善保存，然后定期存放至存放点。对分类收集实验室危险废弃物，要建立详细的危险废弃物收集记录，收集存储危险废弃物的容器上应标明显著标识，做到有专人负责安全保管。

(2)危险化学废弃物可分为一般化学废液、剧毒化学废液、危险化学固体废物和废弃化学气体，各种废弃物应按不同方式进行处理。不同废液在倒进废液桶前要检测其相容性，按标签指示分门别类倒入相应的废液收集桶中，禁止将化学性质相抵触或灭火方法相抵触的物品混装在一起。

(3)一般化学废液的收集应使用专用收集桶或旧试剂瓶，容器上应有清晰的标签，桶口、瓶口要能良好密封，不要使用敞口或有破损的容器。废液、废固收集桶的存放地点必须张贴危险警告牌、告示。

(4)一般实验室化学废液可分三类进行收集处置，即含卤有机物废液、一般有机物废液和一般无机物废液。

(5)收集一般化学废液时，应详细记录倒入收集桶(如图 5-10 所示)内化学废液的主要化学成分。倒入废液前应仔细查看该收集桶的记录，确认倒入后不会与桶中已有化学物质发生异常反应(如产生有毒挥发性气体、剧烈放热等)。如可能发生异常反应，则应单独暂存于其他容器中，并贴上标签，做好记录。

图 5-10 收集桶

(6)一般化学废液收集桶中的废液不应超过容器最大容量的 90%，桶上粘贴废液登记表。当废液收集到一定量时，联系相关单位，统一处理。

(7)实验室产生的不同种类剧毒废液，应分别暂存在单独的容器中并做详细记录，不能将几种剧毒废液混装在一个容器中。剧毒物品的处理如下。

①实验用剧毒物品(麻醉品、药品)的残渣或过期的剧毒物品由各实验室收存后，报实验管理中心统一处理。

②盛装、研磨、搅拌剧毒物品(麻醉品、药品)的工具必须固定，不得挪作他用或乱扔乱放，使用后的包装必须统一存放、处理。

③带有放射性的废弃物必须放入指定的具有明显标志的容器内封闭保存，报实验管理中心统一处置。

④各单位应向保卫处提交清单，由保卫处向当地公安局报告，由当地公安局与处理厂联系，在规定时间内进行集中销毁。

⑤处理时需有完备的手续，单位要有详细清单，处理厂要有回执，处理清单要一式三份，单位、处理厂和当地公安局各存一份，并由单位和处理厂签字、盖章。

(8)化学固体废物主要是化学实验中产生的产物及吸附危险化学物质的其他固体等。产生这些固体废物后应及时装瓶，贴好标签，并做详细记录。

(9)过期固体药剂、浓度高的废液体试剂必须以原试剂瓶盛放，报实验管理中心统一处置，不得随便掩埋或并入收集桶内处理。

(10)瓶装化学气体主要是钢瓶中的压缩化学气体。拟废弃时，应向相关部门申报，请专业人员进行处置。

(11)对排放频繁或超出排放标准的实验室，应安装符合环境保护要求的污染治理设施，并保证污染治理设施处于正常工作状态，达标排放。严禁把实验室废气、废液、废渣和废弃化学品等污染物直接向外界超标排放，禁止任何单位或者个人随意弃置废弃危险化学品。从事动物实验的单位和个人必须对实验动物尸体和废弃物进行无害化处理，不得随意丢弃。

(12)实验室危险废物的集中处置工作应委托具有危险废物处置经营许可证的单位进行处置，禁止将实验室危险废物提供或委托给无经营许可证的单位处置。

五、危险化学品的安全管理

实验室的安全管理是保证教学和科研活动正常进行的保障。一旦发生实验室安全事故，将可能造成人员伤亡、仪器设备损坏、教学科研工作停滞，甚至造成环境污染危及人类健康，还可能连带发生刑事或民事的官司或赔偿。因此，只有树立师生的安全意识，规范师生的安全操作行为，建立行之有效的管理制度和安全培训方法，建立危险化学品的安全管理制度和消防制度，建设必要的安全防护设施等，才能确保师生员工及相关人员的生命财产安全。

（一）实验室安全管理制度

各实验室应根据实际情况制定一套全面且有效的安全管理制度，包括《实验室规章制度》《实验室教师工作职责》《学生实验守则》《危险化学品安全管理制度》《实验室事故应急措施》《实验室废弃物管理制度》《实验室安全消防管理制度》《大型仪器使用、维修及保养制度》等，并应配有实验室药品和仪器设备使用登记簿，做到有章可循，有法可依，违章必究，并不断完善和更新实验室安全管理制度，促使实验室管理走向科学化、系统化和规范化。

（二）实验室安全责任制度

建立健全的实验室安全管理工作责任制，层层落实安全责任，做到责任到人。结合各实验室实际情况划分安全管理责任区，确定责任区的负责人并使其全面负责本责任区安全管理工作，应做到每个实验室、每个大型仪器设备、每种化学药品（特别是危险化学品）都有明确的责任人。操作人员必须按照责任人的要求操作，并做好登记手续。实验室主任作为本实验室安全责任人，要对校、院负责。实验技术人员对实验室主任负责，并服从其领导。实验室主任要经常组织安全检查，做好安全记录，发现隐患漏洞须及时处理；因客观因素近期难以整改的，必须采取临时应急措施，同时向上级领导书面汇报，以求得到解决。在实验室工作的人员和师生都应有足够的安全责任意识，减少人为不安全因素的产生，及时发现和排除安全隐患。

（三）安全培训和安全教育

学校每年应至少举办 2 次安全培训讲座，相关的教职工应每年参加一次。新生刚入学要接受安全教育课程培训，掌握实验室防护（防火、防爆、防毒、防腐蚀）措施和应急处理方法，熟知各类灭火器和防毒面具的使用方法。安全教育培训后，学习《学生实验守则》，并签订《安全责任书》。每个实验室安全负责人应定期对实验室人员进行安全教育，开展实验室危险化学品事故的应急处理模拟演习。

实验指导教师必须对进入实验室的学生进行实验安全和环境保护教育，提出具体要求，并做出示范，使学生了解实验室的规章制度、操作规程，了解所涉及的各种实验试剂、危化品特性，掌握正确取用方法，减少由于操作不当而产生的实验室危险废弃物。

(四)化学药品跟踪系统

化学药品跟踪系统是记录实验室中每一种化学药品从购买、库存、使用,直至废弃处理情况的信息库,通过该系统可以科学地管理实验室中的化学药品。化学药品跟踪系统可以采用索引卡构建。现在更通用的形式是用计算机建立起电子数据库,更方便检索、跟踪药品的情况。一般化学药品跟踪系统由下面的内容信息构成:

(1)印在药品容器上的化学品名称。

(2)该化学品其他的名称,特别是在 MSDS 中的名称。

(3)分子式。

(4)CAS 索引号。

(5)购入日期。

(6)供货商。

(7)药品容器性状。

(8)危险特性(危险性、防护方法、应急预案等)。

(9)需要的存储条件。

(10)存储具体位置(房间号、药品柜号、货架号)。

(11)药品有效期。

(12)药品数量。

(13)购买者、使用者及使用日期。

建立该系统时,每一瓶药品都应在系统中对应一个唯一的检索号,并且要根据使用情况,及时更新药品信息。

(五)"五双"管理制度与剧毒、易制毒和爆炸品的管理

剧毒、易制毒和爆炸品是国家管制类化学药品,这类化学品的购买、保存及使用需要严格按国家法律、法规进行,在管理中实行"五双"管理制度。具体流程如下。

1.购买

课题负责人提出申请→院主管领导签字、盖学院公章→校分管部门(校保卫处或资产处)审批→归管公安局审批→批准后到指定供应商处购买。

2.登记、保管

购回药品统一交由指定老师登记、保管。保管时实行双人双锁制。即药品保管时须专设两人同时管理;药品须设专柜保存,且药品柜上两把锁,

钥匙分别由两位保管人掌管。爆炸品需存入专业的阻燃防爆柜中，柜上也需两把锁。

3.领用

药品出入柜时，两位保管人均需在场监督签发，且需建立专用的登记本，记录化学品的存量、发放量及使用人姓名、用途等，随时做到账物相符，使用后的化学品应及时存回保险柜中。领取剧毒化学品的人员，要注意安全，必须配置防护用具，使用专用工具取用。

4.检查

剧毒与易制毒化学品要定期检查，防止因变质或包装腐蚀损坏等造成的泄漏事故。

5.废物处理

过期药品及实验废弃物应集中保存，统一由环保部门认可的单位处理。严禁乱扔乱放。

销毁剧毒物品(包括包装用具)时，须经过处理使其毒性消失，以免造成环境污染。

6.其他

管制类药品使用者必须是单位正式员工、学生，临时人员不得取用；药品使用人不得将药品私自转让、赠送、买卖。

(六)安全防护设施的使用和管理制度

实验室应配备必要的安全防护设施，以便在发生危险化学品意外事故的紧急情况下，能够采取有效及时的处理措施，减少人员伤害和财产损失，因此安全防护设施是实验室不可或缺的重要组成部分。

1.灭火器具

灭火器按所充装的灭火剂不同分为：泡沫灭火器、干粉灭火器、二氧化碳灭火器等。每个实验室门口应固定放置1～2个灭火器，灭火器上要清晰地标注灭火器的使用范围、期限和使用方法，并定期对灭火器进行检查和保养。

2.急救药箱

实验室要配有急救药品，如创可贴、纱布、消毒药棉、75%酒精、碘酒、红药水、烫伤药膏、3%双氧水、3%～5%的碳酸氢钠溶液、2%硼酸溶液等。急救药箱中的药品要经常整理，及时更新和补充。

3. 喷淋器和洗眼器

一个实验室内或就近的卫生间内最好安装一个喷淋器，如果实验服不小心着火，可立即喷淋灭火。眼中不小心溅入化学液体，可用洗眼器冲洗。

4. 通风橱和通风药品柜

实验室应配有必要的通风橱和通风药品柜，以防止实验过程中所产生的有毒化学烟气的危害。

第六章　实验室生物安全

实验工作中可能会接触或使用到病原体，但防护不当会引起实验室工作人员感染或环境污染，甚至可能引起疾病流行而危及公众健康和生命安全。因此，实验室生物安全是实验室安全管理的重要工作之一。掌握实验室安全管理的相关知识，有助于实验室工作人员及相关人员正确理解和执行国家的有关规定，有效避免实验室安全事故的发生。

第一节　实验室生物安全常识

一、实验室生物安全的有关概念

（一）生物安全的定义

生物安全是指对自然生物和人工生物及其产品对人类健康和生态环境可能产生的潜在风险的防范和现实危害的控制。目的是保证实验研究的科学性还要保护被实验因子免受污染。涉及的内容主要有重大传染病、实验室生物安全、流行病及公共健康管理、转基因生物和有害外来物种入侵、生物技术安全、农林畜牧业及食品安全、危险病原体及生化毒素的管理、生物恐怖、生物武器管制与生物战的预防等领域。

（二）生物因子

具有一定生物活性的制剂都可称为生物因子，主要包括能够进行基因修饰、细胞培养和生物体内寄生的，可能致人、动物感染、过敏或中毒的一切微生物和其他相关的生物活性物质。有害的生物因子包括病原微生物、来自高等动植物的毒素和过敏源、来自微生物代谢产物的毒素和过敏源、转基因生物等。

（三）病原体

病原体是能致病的生物因子，包括能够引发人和动物、植物传染病的生物因子，主要指致病微生物。

（四）生物气溶胶

生物气溶胶是指悬浮于气体介质中粒径一般为 0.001～100 μm 的固态或液态微小粒子形成的相对稳定的分散体系。气体介质称连续相，通常是空气；微粒或粒子称分散相，是多种多样的，成分很复杂，也是气溶胶学研究的主要对象。分散相内含有微生物的气溶胶称为生物气溶胶，含有生物战剂的气溶胶习惯上叫作生物战剂气溶胶。

（五）消毒灭菌

实验室生物安全的各个环节都少不了消毒灭菌技术的应用。消毒是减少除细菌芽孢外的微生物的数量，使其达到无害的程度，不一定杀灭或清除全部的微生物。灭菌是有效地使目的物没有微生物的措施和过程，即杀灭所有的微生物。在 BSL-3 和 BSL-4 实验室中，灭菌要使用不外排的高压蒸汽灭菌器，一般的细菌繁殖体和病毒 121 ℃ 20 min 即可灭菌，对细菌芽孢需要 30 min 以上；对朊病毒（Prion）要 134 ℃ 20 min 以上才能灭菌。

应注意根据生物因子的特性和消毒对象，选择有针对性的、有效的消毒灭菌方法，注意预先评估环境条件对消毒效果的影响。

（六）个人防护

由于屏障的作用不可能百分之百可靠，万一操作中有所疏漏，使病原微生物泄露到实验室环境中，对操作人员将是极大威胁，这就需要按要求做好个人防护。个人防护要适宜、科学，可根据医疗上三级防护的原则进行个人防护，其中一级防护用于一、二级生物安全实验室，二级防护用于三级生物安全实验室，三级防护用于四级生物安全实验室。

（七）严格管理

生物安全实验室必须按照《病原微生物实验室生物安全管理条例》严格管理，基本原则是对病原微生物实行分类管理，对实验室实行分级管理。高等级生物安全防护实验室建设必须获得国家认可，与人体相关的高致病性病原微生物实验活动必须通过卫生部批准，与动物相关的实验活动必须通过农业部批准。

（八）远离病原、预防为主

对在生物安全实验室开展的病原微生物实验活动，应采取“远离病原、预防为主”的原则，预先进行严格筛选。

二、实验室的安全标识

为使实验室工作人员避免受到实验室的污染与伤害，国际上对生物危害、化学危害、火的危害、放射危害等均有专门的警示标识，对消防的疏散通道、紧急出口也有相应的标志。

（一）生物危害标识

国际通用的生物危害警告标志使用的颜色是鲜艳的橙色，三条边可任意缠绕贴在装有生物危害材料盒子的不同部位，容易在物品上打印迹，易于识别与记忆。该标识张贴在实验室入口处，在标识上明确说明生物防护级别，实验室负责人姓名，紧急联络方式，见图 6-1。

（二）感染性物品标识

通常在保存、运输、操作含有感染性物质的物品外包装上贴有感染性物品标识，见图 6-2。

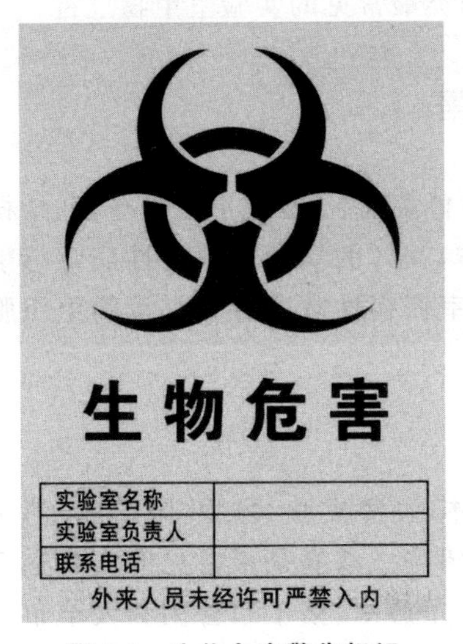

图 6-1　生物危害警告标识

图 6-2　感染性物品标识

三、生物安全实验室分级

根据所处理对象的生物危险程度不同，把生物安全实验室分为 4 级：Ⅰ

级生物安全实验室,英文缩写为 BSL-1;Ⅱ级生物安全实验室,英文缩写为 BSL-2;Ⅲ级生物安全实验室,英文缩写为 BSL-3;Ⅳ级生物安全实验室,英文缩写为 BSL-4。其中,Ⅰ级生物安全实验室防护水平最低,Ⅳ级生物安全实验室防护水平最高。

第二节 实验室的生物危害

实验室人员在实验过程中需要处理大量的病原体,很容易造成相关人员感染。实验室相关感染的主要原因有:吸入气溶胶、被锐器刺伤、被动物咬伤或抓伤、生物危险及感染性材料处理不当等。但是随着实验室条件的改善及预防接种等措施的实施,实验室生物危害的因素将会得到改善,但至今仍不能完全排除。故要求工作人员进入实验室应严格按照相关规定和要求开展工作。

生物危害是指各种生物因子(Biological Agents)对人、环境和社会造成的危害或潜在危害。实验室生物危害是指在实验室进行科学研究的过程中,各种生物因子对实验人员造成的危害和对实验环境的污染。本节主要介绍病原微生物危害及实验动物危害这两类最常见的实验室生物危害。

一、实验室常见病原微生物的危害

最常见的实验室获得性细菌感染是布鲁菌属、土拉热弗兰西丝菌、结核分枝杆菌、伤寒沙门菌、衣原体和立克次体,36%的实验室获得性病毒感染是肝炎病毒和汉坦病毒,50%以上的实验室获得性真菌感染是荚膜组织胞浆菌和粗球孢子菌。

(一)布鲁菌属(*Brucella*)

布鲁菌属是人兽共患传染病的病原体,可经皮肤、黏膜、眼结膜、消化道、呼吸道等不同途径感染人体引起布鲁菌病。该病是最常见的实验室获得性细菌感染之一,其中的羊布鲁菌、牛羊布鲁菌、猪羊布鲁菌和犬羊布鲁菌都曾在实验室人员中引起感染。

1. 实验室危害

布鲁菌引起的实验室获得性感染大多发生在研究机构,主要与接触了大量生长的布鲁菌有关。该病原体可存在于血液、脑脊液、尿液和精液中。

实验操作过程中产生的气溶胶是该菌主要的潜在危害，经口吸入、意外的胃肠道外接种以及培养物溅入眼、口、鼻等也能导致实验室感染的发生。

2. 预防措施

操作含有或可能含有致病性布鲁菌的人或动物标本时，建议采用BSL-2级水平的操作技术及防护设施；对于致病性布鲁菌培养物的所有操作，建议采用BSL-3级水平的操作技术及防护设施；使用致病性布鲁菌进行动物实验研究时，建议采用动物BSL-3级水平的操作技术及防护设施。

（二）土拉热弗兰西丝菌（*Francisella tularensis*）

土拉热弗兰西丝菌的主要存储宿主是家兔、野兔以及鼠类等啮齿动物，人类可经直接接触、动物咬伤、节肢动物叮咬、食入被污染食物或呼吸道感染等途径引起土拉热。

1. 实验室危害

几乎所有感染病例均发生在进行土拉热研究的机构，个别病例与处理自然或实验室感染的动物及其他寄生物有关，临床实验室也曾发生过土拉热感染病例。

2. 预防措施

操作含有或可能含有土拉热弗兰西丝菌的人或动物标本时，建议采用BSL-2级水平的操作技术及防护设施；对于土拉热弗兰西丝菌的培养操作，建议采用BSL-3级水平的操作技术及防护设施；使用土拉热弗兰西丝菌进行动物实验研究时，建议采用动物BSL-3级水平的操作技术及防护设施。

（三）结核分枝杆菌（*Mycobacterium tuberculosis*）

结核分枝杆菌是人类结核病的病原体，可通过呼吸道、消化道或皮肤损伤等途径侵入机体，引起全身各器官、组织的相应的结核病，但以肺结核最为常见。

1. 实验室危害

已证实结核分枝杆菌感染对实验室人员以及可能暴露在实验室感染性气溶胶中的人员是一种危害。进行结核分枝杆菌操作的实验人员的结核病的发病率比其他人群高3倍，普通人群每年结核菌素转阳率不到万分之三，而进行相关操作的实验人员每年结核菌素转阳率可达千分之七。

2. 预防措施

操作不产生结核分枝杆菌气溶胶的临床标本时，建议采用 BSL-2 级水平的操作技术及防护设施；所有可能产生结核分枝杆菌气溶胶的实验操作必须在一级或二级生物安全柜内进行；对于结核分枝杆菌的培养操作以及使用自然感染结核分枝杆菌的非人灵长类动物进行的研究，建议采用 BSL-3 级水平的操作技术及防护设施；使用豚鼠或小鼠进行结核分枝杆菌动物实验研究时，建议采用动物 BSL-2 级水平的操作技术及防护设施。

（四）伤寒沙门菌（*Salmonella typhi*）

伤寒沙门菌是引起人类伤寒热的病原体，主要通过消化道途径引起感染。

1. 实验室危害

文献证实伤寒沙门菌曾多次造成实验室工作人员感染伤寒热。该病原体可存在于粪便、血液、胆汁和尿液中，人类是唯一已知的传染源。摄入和胃肠道外接种是该菌主要的实验室危害，暴露于气溶胶中能否引起感染尚不清楚。

2. 预防措施

操作含有或可能含有伤寒沙门菌的临床标本和培养物时，建议采用 BSL-2 级水平的操作技术及防护设施；对于涉及“生产数量或浓度”的培养物的工作以及产生气溶胶可能性较高的实验操作，建议采用 BSL-3 级水平的操作技术及防护设施。对于经常操作感染性临床标本和培养物的实验人员，建议接种伤寒沙门菌疫苗。

（五）志贺菌属（*Shigella*）

志贺菌属是人类细菌性痢疾的病原菌，灵长类动物也是其天然宿主。志贺菌的传播途径为消化道，人类易感染该菌。

1. 实验室危害

志贺菌可造成实验人员感染细菌性痢疾，仅在美国和英国就有数十例报告。实验室感染的豚鼠、其他啮齿类动物和非人灵长类动物也是其传染源。

2. 预防措施

操作具有或可能具有传染性的临床样本或培养物时，建议采用 BSL-2 级水平的操作技术及防护设施；进行自然感染或实验室感染动物的研究时，建议采用动物 BSL-2 级水平的操作技术及防护设施。

（六）炭疽芽孢杆菌（*Bacillus anthracis*）

炭疽芽孢杆菌主要是食草动物（牛、羊、马等）炭疽病的病原菌，可经多种方式传播，引起人类皮肤炭疽、肠炭疽和肺炭疽，并可能引起炭疽性败血症或炭疽性脑膜炎，死亡率极高。

1. 实验室危害

已有多例实验室感染炭疽病的报道，主要发生在研究炭疽的机构。

完整或破损的皮肤直接和间接接触炭疽芽孢杆菌培养物及污染的实验操作平台、意外的胃肠道外接种以及接触到有传染性的气溶胶，都会对实验人员造成危害。自然及实验感染的动物也会对实验人员及动物饲养员造成潜在威胁。

2. 预防措施

在含有或可能含有炭疽芽孢杆菌的临床标本的实验操作和感染性培养物的定量诊断中，建议采用 BSL-2 级水平的操作技术及防护设施；在使用实验室感染的啮齿类动物进行研究时，建议采用动物 BSL-2 级水平的操作技术及防护设施；对于涉及“生产数量或浓度”的培养物的工作以及产生气溶胶可能性较高的实验操作，建议采用 BSL-3 级水平的操作技术及防护设施。

在动物疾病诊断试验室，建议对操作该病原体及其受感染动物的所有人员，包括培养物处理间的工作人员进行免疫。

（七）衣原体（*Chlamydia*）

衣原体是一类有独特发育周期的原核细胞型微生物，广泛寄生于人类、哺乳动物及禽类中，但仅有沙眼衣原体（*C. trachomatis*）、鹦鹉热衣原体（*C. psittaci*）、肺炎衣原体（*C. pneumoniae*）等少数种类能引起人类沙眼、泌尿生殖道感染和呼吸道感染等。

1. 实验室危害

1960 年以前，鹦鹉热是最常见的实验室获得性感染，且死亡率最高，主要原因是在处理、饲养自然或实验室感染的鸟类或者对其进行尸检时接触或暴露在传染性气溶胶中。另外，沙眼和性病淋巴肉芽肿也曾经是最常发生的实验室相关性细菌感染。

2. 预防措施

操作含有或可能含有鹦鹉热衣原体或沙眼衣原体的组织或培养物，以及对受感染的鸟类进行尸检时，建议采用 BSL-2 级水平的操作技术及防护设施；在研究自然或实验室感染的鸟类时，建议采用动物 BSL-2 级水平的操作技术及防护设施；对于产生气溶胶或飞沫可能性较高的实验操作及涉及“生产数量或浓度”感染性物质的工作，建议采用 BSL-3 级水平的操作技术及防护设施。

（八）立克次体（*Rickettsiae*）

立克次体是一类严格细胞内寄生的原核细胞型微生物，以人虱、鼠蚤、蜱或螨等节肢动物为传播媒介，可引起斑疹伤寒、Q 热、洛基山斑点热、恙虫病等立克次体病。

1. 实验室危害

贝纳柯克斯体（*Coxiella burnetii*）是引起 Q 热的病原体，也是最容易引起实验室获得性感染的立克次体。该病原体传染性强，单个即可能引起实验动物致病，人类感染的 $ID_{25\sim50}$ 约为 10 个病原体。多个研究机构都曾爆发过实验室获得性 Q 热。斑疹伤寒也是立克次体引起的常见实验室获得性感染之一，多数病例与在开放性实验台上处理感染性物质有关。另外，洛基山斑点热被证实也会对实验室工作人员的安全构成威胁。

在实验操作中，立克次体意外从胃肠道外途径进入人体或吸入感染性气溶胶导致感染。

2. 预防措施

对无须进行立克次体培养的实验，建议采用 BSL-2 级水平的操作技术及防护设施；当进行立克次体的培养纯化、感染动物的尸检以及处理受污染的组织时，建议采用 BSL-3 级水平的操作技术及防护设施；对除节肢动物以外的实验室相关感染动物的饲养、管理，建议采用动物 BSL-2 级水平的操作技术及防护设施；研究自然感染或实验室感染了可致人类立克次体病的啮齿类动物时，建议采用动物 BSL-3 级水平的操作技术及防护设施。

（九）肝炎病毒（*Hepatitis virus*）

肝炎病毒是指以侵犯肝脏为主并引起病毒性肝炎的一组不同种属的病毒，目前公认的人类肝炎病毒有甲、乙、丙、丁、戊五型。其中，甲型肝炎病毒和戊型肝炎病毒的主要传播途径是粪—口途径，其他三型肝炎病毒主要经血源途径传播，也可通过母婴垂直传播。

1. 实验室危害

甲型肝炎病毒和戊型肝炎病毒对实验室人员的威胁并不严重。乙型肝炎是最常发生的实验室获得性感染之一，其最常见的实验室感染方式是注射、黏膜接触及创伤感染。丁型肝炎病毒是一类缺陷病毒，只有在乙型肝炎病毒存在的情况下才能复制，因此，感染了乙型肝炎病毒的人更易感染丁型肝炎病毒。实验室中也可感染丙型肝炎病毒，该病毒只能在血液和血清中检测到，唾液中检出率较低，尿液或精液中罕见，甚至可能完全没有。

2. 预防措施

处理人或其他非人灵长类动物的可疑粪便标本、体液或组织标本时，建议采用 BSL-2 级水平的操作技术及防护设施；接触病毒感染的灵长类动物时，建议采用动物 BSL-2 级水平的操作技术及防护设施，饲养员应戴手套，并采取适当的预防措施；大量制备、浓缩病毒或进行可能引起液体飞溅物或形成感染性气溶胶的操作时，建议采用 BSL-3 级水平的操作技术及防护设施。强烈推荐实验室工作人员接种乙肝疫苗。

（十）汉坦病毒（*Hantaan virus*）

汉坦病毒是引起人类出血热的病原体，目前至少有六个不同的型别。汉坦病毒可引起两种类型的急性出血热综合征：一种是以发热、出血、肾功能损害和免疫功能紊乱为突出表现的肾综合征出血热（Hemorrhagic Fever Renal Syndrome，HFRS），另一种是以肺浸润、肺间质水肿、呼吸窘迫为突出表现的汉坦病毒肺综合征（Hantavirus Pulmonary Syndrome，HPS）。

1. 实验室危害

已证实通过气溶胶感染汉坦病毒的危险性较大，尤其是啮齿类动物的尿液容易形成气溶胶。接触啮齿类动物的排泄物、新鲜尸检组织、动物饲养垫料。黏膜或破损的皮肤接触到污染组织以及被感染动物咬伤等均具有感染的可能性。

2.预防措施

实验室处理可疑患者的血清及其他体液时，建议采用 BSL-2 级水平的操作技术及防护设施，并在符合标准的生物安全柜内进行，以免样品溅出或形成气溶胶；处理可能带毒的组织样品、实验动物血清时，应在符合 BSL-2 级标准的设施中进行，并按 BSL-3 级标准进行规范操作；大量培养病毒、制备病毒浓缩物时，应在符合 BSL-4 级标准的防泄漏专用设施内进行。

二、实验常见人兽共患病原体的危害

实验动物作为重要研究手段，被广泛应用于生命科学研究的各领域，越来越多的研究者使用动物进行艾滋病、病毒性肝炎、流行性出血热、狂犬病、鼠疫等烈性传染病的研究。

人兽共患病是指人和脊椎动物由共同病原体引起的、又在流行病学上有关联的疾病。实验动物携带的人兽共患病病原，如淋巴细胞性脉络丛脑膜炎病毒、汉坦病毒、猴 B 病毒、狂犬病毒等，严重威胁着人类的健康和生命。

下面主要介绍狂犬病毒、淋巴细胞性脉络丛脑膜炎病毒、猴 B 病毒及弓形虫四种常见人兽共患病原体的预防。

1.狂犬病毒(*Rabies virus*,RV)预防措施

进行犬类实验操作时，建议从标准化犬场购入健康犬，不买无健康保证的犬，在做犬实验前，应给所有犬注射狂犬疫苗；操作含有或可能含有固定毒的人或动物标本、培养物等时，建议采用 BSL-2 级水平的操作技术及防护设施；操作含有或可能含有街毒的人或动物标本、培养物等时，必须采用 BSL-3 级水平的操作技术及防护设施。强烈建议从事狂犬病临床和实验室工作的人员应进行暴露前免疫，所有意外暴露于狂犬病毒时须立即报告本部门负责人，及时处理。

2.淋巴细胞性脉络丛脑膜炎病毒(*Lymphocytic choriomeningitis virus*,LCMV)预防措施

严格控制和防止野鼠，并及时做好实验动物群体的检疫是防止该病发生的关键。操作被污染的移植物、病毒培养物等时，建议采用 BSL-2 级水平的操作技术及防护设施；利用感染动物进行实验操作时，建议采用动物 BSL-2 级水平的操作技术及防护设施。

3. 猴B病毒(*Simian herpesvirus*)预防措施

依据实验用猴的特征性症状可初步诊断该病,动物接种和分离病毒可确诊。病猴应立即隔离或处死,与病猴接触的实验人员应注意防止被病猴咬伤。人被咬伤后,应立即用肥皂水清洗伤口,并用碘酊消毒。

4. 弓形虫(*Toacoplasma gondii*)预防措施

预防和控制该病的关键在于控制传染源,严格进行日常消毒灭菌工作。

三、转基因生物存在的危害

转基因生物(Transgenic Organisms)是指通过基因操作技术将外源基因转入体内稳定遗传表达而获得新性状的动物、植物、微生物。随着分子生物学技术的不断发展,科学家们还能够在不导入外源基因的情况下,通过对生物体本身遗传物质的修饰、敲除、表达沉默等方法来改变生物体的遗传,获得人们希望得到的性状。

(一)转基因生物对生态和健康的影响

由于科学技术发展阶段的局限性,转基因技术及其产品还存在一些不确定的风险,即转基因生物安全问题。概括起来,转基因生物安全可分为生态安全和健康安全两方面。

1. 转基因生物对生态的影响

转基因技术打破了自然界物种间因生殖隔离而形成的遗传物质的天然隔离,可以将目的基因转到任何物种,完全由人工制造出的转基因生物可能是自然界原本不存在的特殊生物物种,它对生态环境的影响可能比自然生物物种的入侵要严重而深远得多。

转基因生物或被转基因污染的生物,可能凭借人工赋予的某种优势,大量繁殖和传播,挤占其他生物的生存空间,通过竞争、环境胁迫使自然环境生物多样性受到损害,甚至导致物种遗传多样性的衰减和丧失,严重影响生态环境安全。

2. 转基因生物对健康的影响

在人体健康方面,主要指利用转基因生物体生产人类所需要的生物制品,用于医药、食品等方面存在潜在的安全问题。经过安全认证的转基因食品对人类短期的、直接的影响较小,至少到目前为止,还没有发现转基因食品对人类有害,但同时也缺乏证据证明其无害性,长期的、间接的、累积的影响还难以确定,因此产生了许多争论。

(二)转基因生物实验涉及的潜在风险

转基因生物实验室的生物安全主要涉及三个方面的潜在风险:实验操作的对象、实验操作本身、实验室废弃物。

实验操作的对象,即生物材料和试剂。分子生物学和生物化学操作所必需的生物材料,包括生物个体、组织、细胞和微生物菌种、质粒、载体以及病毒等,可能对人体造成感染和伤害。各种化学试剂,包括有毒、有腐蚀、致畸的生化试剂,如氯仿等有机溶剂、溴化乙啶(EB)、丙烯酰胺、各种酸碱溶液、染料、抗生素、放射性同位素等。

实验操作本身的风险是指研究人员的操作失误和器材设备风险。

实验室废弃物的风险是由转基因生物试验产生的废弃物处理不当形成的,废弃物主要包括:

(1)生物活性材料类,如转基因植物植株(花粉、果实、种子)、动物组织器官、细胞和微生物(细菌、真菌和病毒等)及其培养物(如含有筛选药物、抗生素、有毒代谢物、外源基因残留物等)。

(2)生化试剂类,如溴化乙啶(EB)、抗生素、同位素等。

(3)试验耗材类,如各种吸头、吸管等塑料用品,各种培养皿、试管等玻璃制品,注射针头及刀片等金属物品。

第三节　实验室生物安全防护

实验室工作人员需配备必要的个人防护用品。在生物实验中因为要接触不同的试剂、细菌、质粒、病毒甚至辐射源等对人体有害的因素,所以生物安全防护的工作很重要。

一、各级生物安全实验室的个人防护要求

所有实验室人员必须经过个人防护的必要培训,考核合格获得相应资质,熟悉所从事工作的风险和实验室特殊要求后方可进入实验室工作。实验室应按照分区实施相应等级的个人防护。

(一)BSL-1 实验室

工作人员进入实验室应穿工作服,实验操作时应戴手套,必要时佩戴防

护眼镜。离开实验室时，工作服必须脱下并留在实验区内。用过的工作服应定期消毒。

（二）BSL-2 实验室

除符合 BSL-1 的要求外，BSL-2 实验室还应该符合下列要求。

进入实验室时，应在工作服外加罩衫或穿防护服，戴帽子、口罩。离开实验室时，上述防护用品必须脱下并留在实验室，消毒后统一洗涤或丢弃。如可能发生感染性材料的溢出或溅出时，宜戴两副手套。可能产生致病微生物气溶胶或发生溅出的操作均应在生物安全柜或其他物理抑制设备中进行。

（三）BSL-3 实验室

BSL-3 实验室的个人防护除符合 BSL-2 的要求外，还应该符合下列要求。

(1)工作人员在进入实验室时必须使用个体防护装备，包括两层防护服、两层手套、生物安全专业防护口罩，必要时佩戴眼罩、呼吸保护装置等。

(2)在实验室中必须配备有效的消毒剂、眼部清洗剂或生理盐水，且易于取用。实验室区域内应配备应急药品。

（四）BSL-4 实验室

BSL-4 实验室的个人防护除符合 BSL-3 的要求外，还应该符合下列要求。

(1)所有工作人员进入 BSL-4 实验室时要更换全套服装。工作后脱下所有防护服，淋浴后再离去。

(2)在防护服型或混合型 BSL-4 实验室中工作人员需穿着整体的由生命维持系统供气的正压工作服。

(3)进行容易产生高危险气溶胶的操作时，都要同时使用生物安全柜或其他物理防护设备和个体防护器具。

(4)当不能安全有效地将气溶胶限定在一定范围内时，应使用呼吸保护装置。

(5)不同类型的 BSL-4 实验室的个人防护装置有所不同。在生物安全柜型的 BSL-4 实验室中，个人防护装备同 BSL-3；在防护型 BSL-4 实验室中，个人防护装备配备正压个人防护服；在混合型 BSL-4 实验室中，个人防护装备为上述两种的组合。

二、常用生物安全设备

(一)生物安全柜

生物安全柜(Biological Safety Cabinet,BSC)是在操作培养物、菌毒株以及诊断性标本等具有感染性的实验材料时,用以保护操作人员、实验室环境以及实验材料而设计的实验设备。生物安全柜的正确使用能有效减少由于气溶胶暴露所造成的实验室感染和培养物交叉污染,并保护实验室环境的安全。

1. Ⅰ级生物安全柜(BSC-Ⅰ)

安全柜内的空气可以通过 HEPA 过滤器按下列方式排出:①排到实验室中,然后再通过实验室排风系统排到建筑物外面;②通过建筑物的排风系统排到建筑物外面;③直接排到建筑物外面。HEPA 过滤器可以装在生物安全柜的压力排风系统里,也可以装在建筑物的排风系统里,见图 6-3。

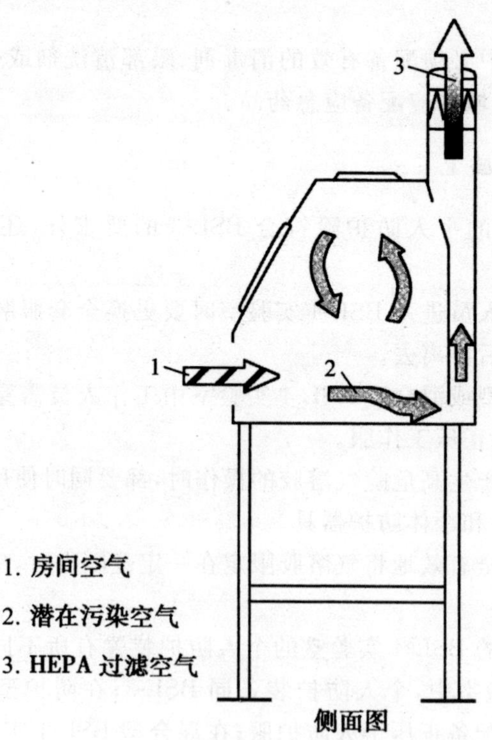

图 6-3 BSC-Ⅰ生物安全柜原理图

Ⅰ级生物安全柜能够为人员和环境提供保护，但因未灭菌的房间空气通过生物安全柜正面的开口处直接吹到工作台面上，因此Ⅰ级生物安全柜无法有效保护操作的标本和材料。

2. Ⅱ级生物安全柜(BSC-Ⅱ)

BSC-Ⅱ有四种类型：A1、A2、B1 和 B2 型，使无菌空气流经工作台面，在设计上不但能提供个体防护，而且能保护工作台面的物品不受房间空气的污染。可用于操作危险度Ⅱ级和Ⅲ级的感染性物质。在使用正压防护服的条件下，Ⅱ级生物安全柜也可用于操作危险度Ⅳ级的感染性物质，见图 6-4。

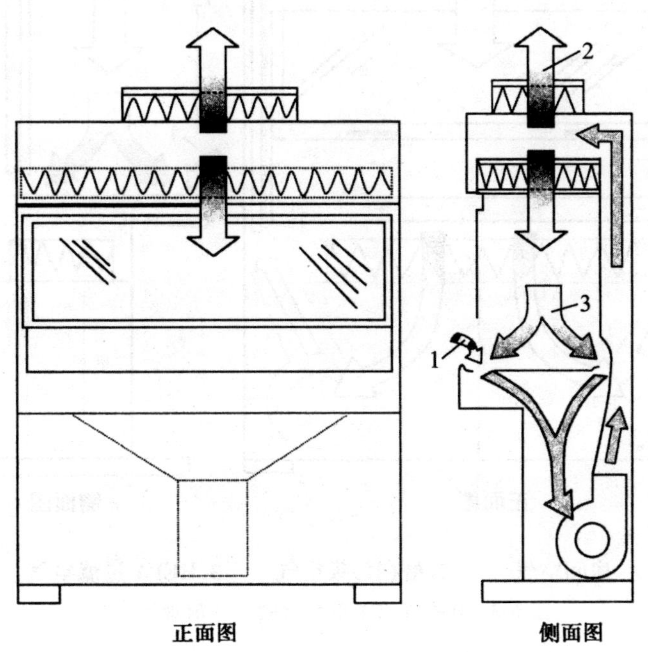

1. 房间空气　2. 潜在污染空气　3. HEPA 过滤空气

图 6-4　BSC-Ⅱ A1 型生物安全柜原理图

外排风式 BSC-Ⅱ A2 型、BSC-Ⅱ B1 型和 BSC-Ⅱ B2 型生物安全柜都是由Ⅱ级 A1 型生物安全柜设计改造而来，见图 6-5。

3. Ⅲ级生物安全柜(BSC-Ⅲ)

BSC-Ⅲ为负压封闭式操作环境，由一个外置的专门的排风系统控制气流，安全柜内部始终处于负压状态。BSC-Ⅲ备有可灭菌的、装有 HEPA 过滤排风装置的传递箱。与一个双开门的高压灭菌器相连接，并用它来清除进出安全柜的所有物品的污染。Ⅲ级生物安全柜适用于三级和四级生物安全水平的实验室，见图 6-6。

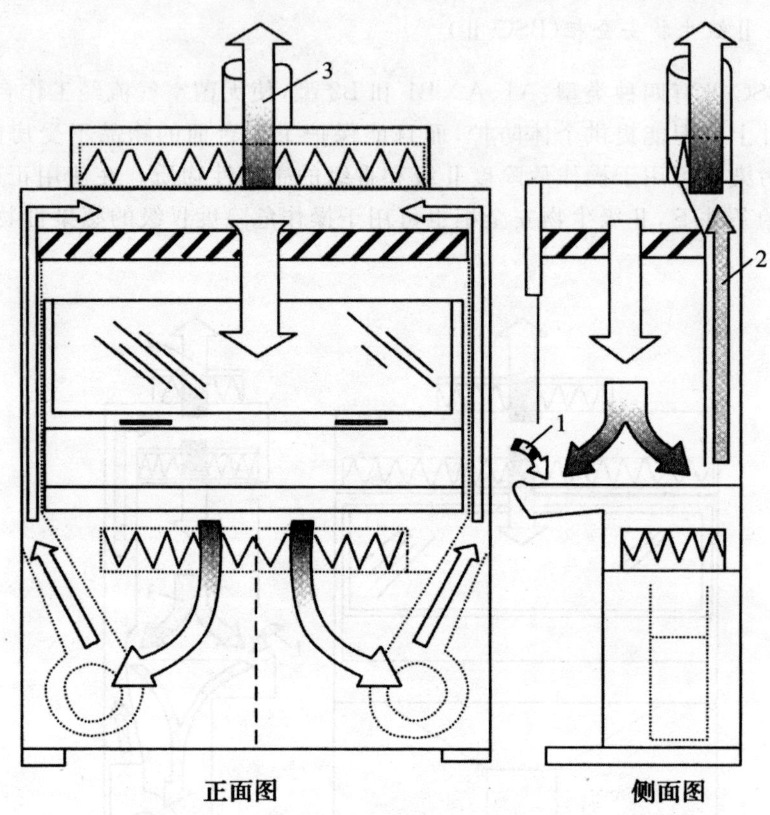

1. 房间空气　2. 潜在污染空气　3. HEPA 过滤空气

图 6-5　BSC-Ⅱ B1 型生物安全柜原理图

（二）负压柔性薄膜隔离装置

负压柔性薄膜隔离装置是一种对生物学危害性材料提供最佳防护的基本防护装置。该装置可以装在移动架上，将工作空间用透明聚氯乙烯(PVC)完全包裹起来悬挂在钢架结构上，并使隔离装置的内压始终维持在低于大气压力的水平。

该隔离装置可以配备培养箱、显微镜和其他实验室仪器。实验物品可以通过进样和取样口运入或运出隔离装置，而不影响其微生物学安全性。操作时戴套袖外加一次性手套。要安装压力计来检测隔离装置内的压力。

在常规的生物安全柜不能或不适合安装或维护的现场，可以采用柔性薄膜隔离装置来进行高危险生物体(危险度Ⅲ级或Ⅳ级)的操作。

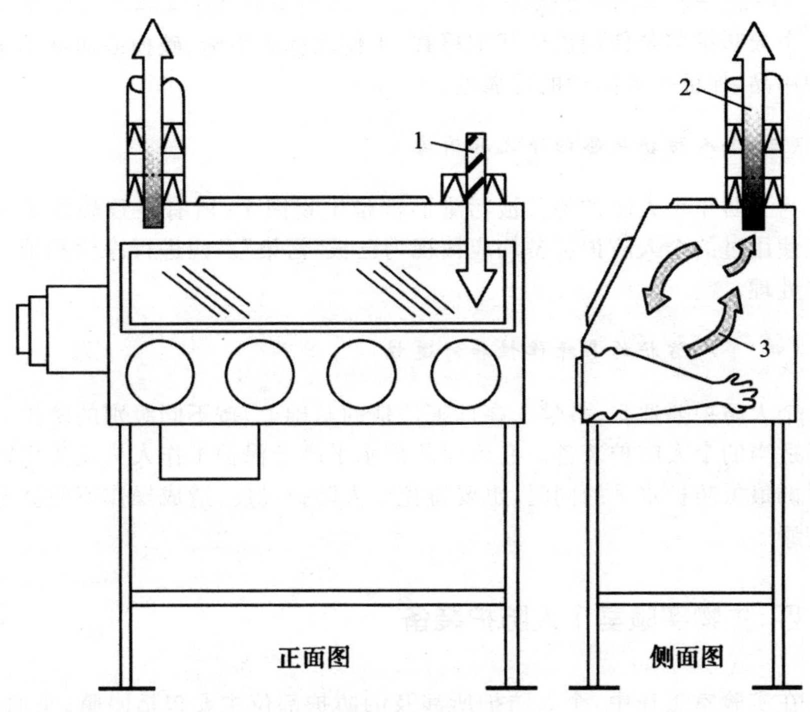

图 6-6 BSC-Ⅲ生物安全柜原理图

三、个人防护装备的总体要求

个人防护装备是指用来防止人员受到物理、化学和生物等有害因子伤害的器材和用品。使用个人防护装备是为了减少操作人员暴露于危险环境而设立的一个物理屏障,防止工作人员受到工作场所中物理、化学和生物等有害因子的伤害。

(一)选择合格产品

实验人员选择的任何个人防护装备应符合国家有关标准。同时,实验人员还应接受关于个人防护装备的选择、使用和维护等方面的指导和培训。对个人防护装备的选择使用和维护应有明确的书面规定、程序和使用指导,形成标准化体系。

(二)使用前验证

个人防护装备使用前应仔细检查,不使用标志不清、破损或泄漏的个人防护用品,保证个人防护的可靠性。

(三)个人防护装备的净化和消毒

为了防止个人防护装备被污染而携带生物因子,所有在致病微生物实验室使用过的个人防护装备均应被视为已被“污染”。应进行净化和消毒后再作处理。

(四)个人防护的易操作性和舒适性

个人防护要适宜、科学。在危害评估的基础上,按不同级别的防护要求选择适当的个人防护装备。在确保防护水平高于保护工作人员免受伤害所需要的最低防护水平的同时,也要避免个人防护过度,造成操作不便甚至有害健康。

四、生物实验室个人防护装备

在实验室工作中,个人防护所涉及的防护部位主要包括眼睛、头面部、躯体、手足、耳(听力)以及呼吸道,其防护装备包括眼镜(安全镜、护目镜)、口罩、面罩、防毒面具、防护帽、手套、防护服(实验服、隔离衣、连体衣、围裙)、鞋套以及听力保护器等。

(一)手部防护

实验室工作人员在工作时,手部是最易受到各种有害因素影响的部位,成为造成大部分实验暴露危险的重要因素。手套是主要的手部防护装备,用于防止微生物侵害、化学品和辐射污染,以及烧伤、冻伤、烫伤、刺伤、擦伤和动物抓、咬伤等事故的发生,成为实验人员和危险物质之间的初级保护屏障。

选择手套应首先依据操作的对象,选择手套的种类,再根据手的大小选择型号。要求所选择的手套能发挥防护的作用,同时符合舒适、灵活、握牢、耐磨、耐扎和耐撕的要求。

(二)头面部防护

1. 头部防护(帽子)

在实验室工作中佩戴由无纺布制成的一次性简易防护帽,可以保护工作人员避免化学和生物危害物质飞溅至头部(头发)造成的污染;同时,可防止头发和头屑等污染工作环境,保护负压实验室的空气过滤器。

2. 面部防护(口罩、面具)

面部的防护装备主要有口罩和防护面罩。

口罩可保护部分面部免受生物危害物质如血液、体液、分泌液以及排泄物等喷溅物的污染。最常用的口罩是医用外科口罩(如图 6-7 所示)和 N 95 系列口罩(如图 6-8 所示)。外科口罩是临床医务人员在有创操作过程中所佩戴的,常用的外科手术口罩由三层纤维组成,主要是防止医务人员呼出气体中的微生物感染患者,或阻止血液、体液和飞溅物的传播,适用于在 BSL-1 和 BSL-2 实验室中使用,但单独使用不能对医务人员提供保护。

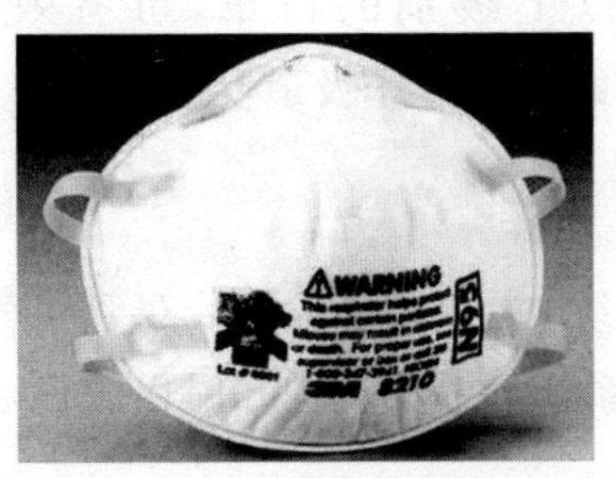

图 6-7 医用外科口罩

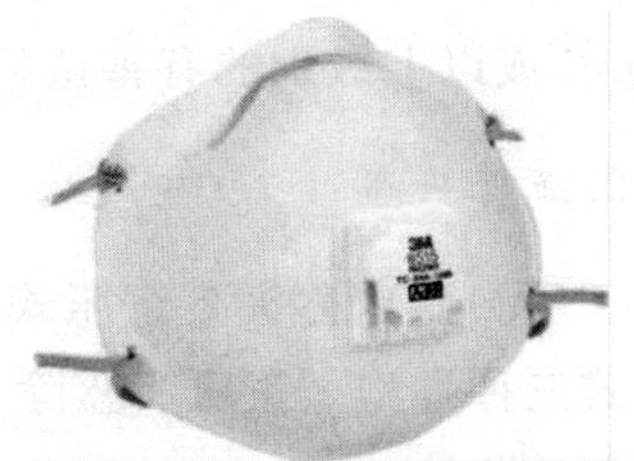
图 6-8 N 95 型口罩

N 95 系列口罩是 NIOSH(美国职业安全卫生研究所)认证的九种防尘口罩中的一种,属于一种呼吸防护装备,其最大特点就是可以预防由患者体液或血液飞溅引起的飞沫传染,可认为是一次性防毒面具。N 95 口罩适用于一些高危的工作程序,如在 BSL-2 或 BSL-3 实验室操作经呼吸道传播的高致病性微生物感染性材料时,则需要佩戴 N 95 级或以上级别的口罩。N 系列口罩适用于无油性烟雾的工作环境,可过滤 0.3 μm 或以上的微粒(如飞沫或结核菌),效率达 95%(N 95 级)、99%(N 99 级)甚至 99.97%(N 100 级)。在有油性烟雾的情况下,可选择 R 系列或 P 系列的口罩(R 为抗油,P 为防油)。

防护面罩可保护实验室工作人员的面部避免碰撞或切割伤以及感染性材料飞溅或接触造成的脸部、眼睛和口鼻的危害。防护面罩一般由防碎玻璃制成,通过头戴或帽子佩戴,分一次性面罩和耐用面罩。

3. 眼部防护(防护镜、生物安全镜、洗眼装置)

在所有易发生潜在眼睛损伤,包括理化和生物等因素引起的损伤以及有潜在黏膜吸附感染危险的实验室中工作时，必须采取眼部防护措施。眼部防护装备主要包括生物安全眼镜和护目镜。另外，必要时还应配备洗眼装置。

应根据所进行的操作来选择相应的装备，安全眼镜和护目镜可保护眼睛免受有害物质飞溅进入眼内而透过黏膜进入体内。

(三)呼吸道防护

当进行高度危险性的操作(如清理溢出的感染性物质)时，如不能安全有效地将气溶胶限定在许可范围内，必须采用呼吸道防护装备来防护。呼吸道防护装备主要包括高效口罩、正压头盔和防毒面具。

1. 高效口罩

高效口罩即前面所述的 N 95 级和以上级别的口罩，可有效过滤 0.3 μm 或以上级别的有害微粒，在一定程度上防止呼吸道受到危害。

2. 正压头盔

正压头盔也称头盔正压式呼吸防护系统，主要有正压式、双管供气式、电动式三种类型。正压头盔除了可对呼吸系统防护外，还可提供眼睛、面部和头部的防护。

3. 防毒面具

呼吸防护装备是用于防御缺氧环境或空气中有毒有害物质进入人体呼吸道的防护用品，根据作用原理的不同，呼吸防护装备可分为过滤式和隔离式两大类。过滤式防毒面具由面罩、滤毒药罐和连接两者的蛇形管部分组成，按过滤物质的不同，可分为粉尘过滤器、微粒过滤器、气体过滤器和防烟防毒过滤器四种。隔离式防毒面具可使呼吸道与含有毒物质的空气环境完全隔离，由专门渠道供应新鲜空气或氧气，主要有输入空气式及供氧式两种。输入空气式防毒面具由面罩和可输入新鲜空气的蛇管连接组成，使用时，蛇管远端置于实验室无污染区域，依靠使用者自行吸入新鲜空气或用鼓风机送入新鲜空气；供氧式防毒面具由面罩、氧气罐和连接用蛇管组成，由氧气罐自行供应氧气。

在进行高度危险性的操作时，应采用呼吸防护装备进行防护，常用一种可更换过滤器的过滤式防毒面具，以保护佩戴者免受气体、蒸气、颗粒和微生物以及气溶胶的危害，也有设计用来保护实验人员避免生物因子暴露的一次性防护面具(空气纯化防护面具)以及正压防护服。

（四）躯体和下肢的防护

躯体和腿部的防护装备主要是防护服，包括工作服、实验服、隔离衣、连体衣、围裙以及正压防护服。各级实验室应确保具备足够的、有适当防护水平的、清洁防护服可供使用。工作人员离开实验室区域之前应脱去防护服。

1. 工作服

实验室人员在常规工作中应穿工作服。工作服可保护工作人员躯体及日常穿着免受实验室各种理化因素的危害。

2. 实验服

实验服是躯体防护装备中最普通的一种，其前面应能完全扣住，如图6-9 所示。实验服可用于静脉血和动脉血的采集，血液、体液或组织的处理或加工，化学实验试剂的处理和配制，洗涤、触摸或在污染/潜在污染的实验台上工作，以及实验室仪器设备的维修保养等操作。一般实验服在进行一级和二级生物安全水平的操作时，以及在 BSL-1 实验室中使用。

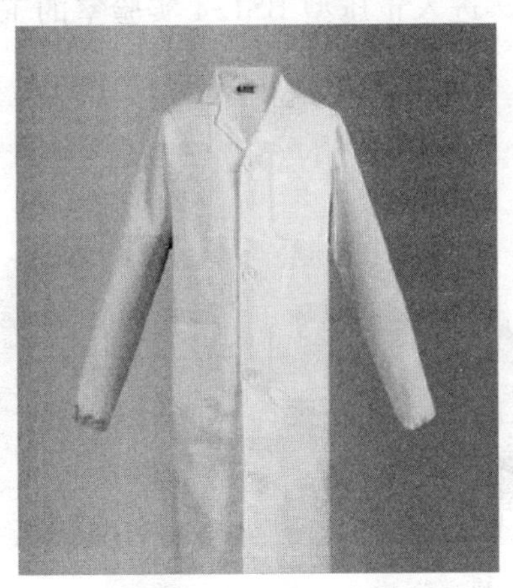

图 6-9　实验服

3. 隔离衣

隔离衣包括连体衣和外科式隔离衣，如图 6-10 所示。应选择合适型号的隔离衣，若隔离衣太小或需要穿两件隔离衣，里面采用前系带穿法，外面采用后系带穿法，穿着时应保证颈部和腕部扎紧；若隔离衣袖口太短，可加戴一次性袖套，以便使乳胶手套完全遮住袖口保护腕部皮肤。一般隔离衣适合在接触大量血液或操作其他潜在感染性材料时，以及在 BSL-2 和

BSL-3 实验室中使用。

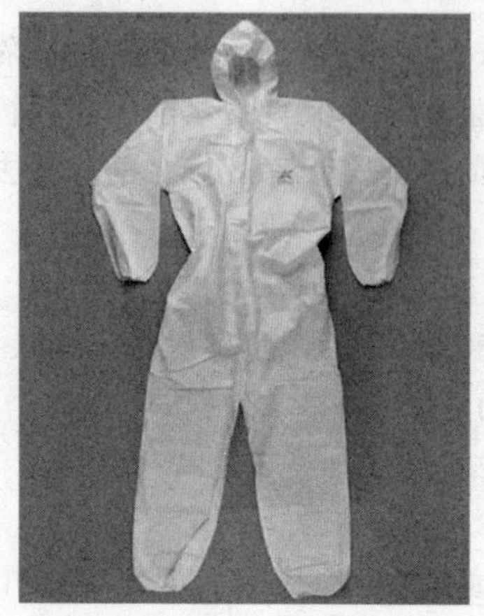

图 6-10 连体衣与隔离衣

4. 正压防护服

正压防护服适用于涉及致死性生物危害物质或第 1 类生物危险因子的操作，如图 6-11 所示。进入正压型 BSL-4 实验室的工作人员应穿着正压防护服。

图 6-11 正压防护服

5. 围裙

在必须对血液或培养液等化学或生物学物质的溢出提供进一步防护时，应在实验服或隔离衣外面再穿上塑料高颈保护的围裙。

6. 鞋及鞋套

实验室工作鞋应该舒适，鞋底防滑。推荐使用皮制或合成材料的不渗透液体的鞋类。在从事可能出现漏出液体的工作时可以穿一次性防水鞋套。鞋套可防止将病原体带离工作地点而扩散到生物安全实验室以外。

五、洗手或清除手部污染

在实验完成后以及离开实验室前都必须洗手。通常用普通肥皂和清水彻底冲洗，但在高度危险的情况下，建议使用杀菌肥皂。洗手应按如图 6-12 所示的“六步法”进行。

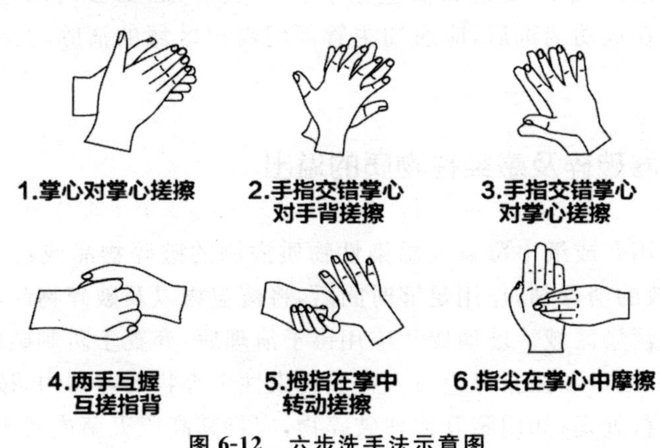

图 6-12　六步洗手法示意图

第四节　生物安全事故应急救援

生物实验意外事故主要指实验人员在操作具有感染性或潜在感染性生物因子时，所发生的危害性气溶胶的释放、感染性物质的溢出、感染性物质的食入、锐器划伤及刺伤等；实验动物抓伤、咬伤也比较常见。意外事故可因操作不当、管理不善或仪器设备突然发生故障等原因造成。所有的处理方式均应防止气溶胶的产生，被清除的物质均应按废弃物处理的方式进行处理。下面介绍针对这些情况的处理原则。

一、潜在感染性材料溢洒

由于操作不当，菌（毒）种或（潜在）感染性材料有可能溢洒在生物安全柜内以及台面、地面、防护服和其他表面。

对于(潜在)感染性材料溢洒在防护服的情况,应立即进行局部消毒,更换或全部用消毒液浸泡后进行高压灭菌处理。

对于(潜在)感染性材料溢洒在台面、地面和其他表面的情况,应立即用布或者纸巾覆盖(潜在)感染性物质或(潜在)感染性物质溢洒的破碎物品,然后在上面倒上消毒剂(如5%次氯酸钠溶液、乙醇等),从溢出区域的外围开始,向中心进行处理。作用约 30 min 后,将所处理物质按照感染性废弃物处理原则清理;如要含有玻璃碎片或其他锐器,则置于可防刺透的容器中以待处理。最后用消毒剂擦拭整个污染区域,整个过程中应戴手套操作。

上述处理过程中,处理人员应戴手套,穿防护服,必要时须进行脸和眼睛的防护。在成功消毒后,应通知主管部门溢出区域的清除污染工作已经完成。

二、容器破碎及感染性物质的溢出

应立即用布或纸巾覆盖被感染性物质溢洒的破碎物品或污染区域,倾倒足量、有效的消毒剂,作用足够时间后,将覆盖物以及破碎物品清除,再用消毒剂擦拭污染区域。玻璃碎片应用镊子清理后,弃置于防刺破的容器中;已污染的布、纸巾和抹布等应投入盛放污染性废弃物的容器内,按废弃物处理的方式进行处理;如用簸箕清理破碎物,应将其高压灭菌或置于有效的消毒液内浸泡消毒;若实验表格或其他打印或手写材料被污染,应将信息复制后,再将原件置于盛放污染性废弃物的容器内,按废弃物处理的方式进行处理。以上所有操作,都要求戴手套,穿着适当的个人防护装备。处理完毕后,需对手套和个人防护装备进行无害化处理。

三、生物安全柜内生物危害物品溢出

生物安全柜中发生生物危害物品溢出时,应在安全柜处于工作状态下进行清理,清理时应穿实验服,戴安全眼镜和手套。发生少量喷洒时,应立即用浸泡消毒剂的消毒纸巾(毛巾)吸附溢出物,保证一定的接触时间(至少20 min),并用同样的消毒纸巾擦拭安全柜内壁、工作台表面和柜内所有设备。可回收的被污染物品应放入生物危害物回收袋或高压灭菌袋中,进行消毒或清理。对无法进行高压灭菌的物品,应用消毒剂进行至少 20 min 的消毒处理后,再拿出安全柜。最后脱下个人防护服并放进污染物收集袋中进行高压灭菌处理。

四、皮肤、黏膜被感染性材料污染

操作人员皮肤、黏膜被感染性材料污染后，危险很大。应立即停止工作，用消毒液或抗菌皂液冲洗，然后用流动的水冲洗 15～20 min。若眼、面部、口腔等黏膜部位被感染物污染，立即用洗眼器冲洗或用温水冲洗污染部位 15～20 min。上述情况处理后安全撤离，视情况隔离观察，并进行适当的预防治疗。

五、皮肤刺伤、割伤

皮肤被针头、注射器、锐器、碎玻璃等刺伤、割伤后，感染的危险极大，应立即停止工作。

(1)清洗双手，冲洗伤口，尽量挤出伤口处的血液，使用适当的碘酒或75％的酒精擦洗伤口，必要时就医。

(2)立即通知实验室主任和生物安全员受伤的原因及可能污染的病原，根据所污染的病原情况采取相应的医学处理。如果被乙型肝炎病毒(HBV)等病原污染的锐器刺伤，应注射乙肝疫苗和高效免疫球蛋白及其他相关疫苗。

(3)详细记录受伤原因、事故处理经过和相关的污染，并保留完整的就医记录。视情况隔离观察，期间根据条件进行适当的预防治疗。

六、实验动物抓伤和昆虫咬伤

被实验动物、昆虫抓伤或咬伤，感染的危险性极大，应立即停止工作。

(1)立即脱下工作服，伤口经过清水冲洗、止血(无须包扎)，用碘酒或75％酒精消毒等进行清洗消毒和其他临时处理，切不可用嘴吸。立刻就近到医院急诊或外科门诊进行伤口处理。

(2)伤口处理后立刻到所在区的疾病预防控制中心进行登记，医生根据情况确定注射狂犬疫苗的免疫程序，并且决定是否应该注射抗狂犬病血清；立刻到指定地点注射狂犬病疫苗；一旦开始注射狂犬病疫苗后，必须按时、全程接种疫苗。

(3)实验室应记录事件的经过，并保留完整的医疗记录。

七、离心管发生破裂

非密闭离心桶的离心机运行过程中离心管发生破裂或疑似破裂，都视为发生气溶胶暴露事故，应立即加强个人防护力度。

(1)关闭离心机电源开关，保持离心机盖子关闭至少 30 min，使气溶胶沉降。如果机器停止后发现破裂，应立即将盖子盖上，密闭至少 30 min。在这段时间内立即通知生物安全员。

(2)在生物安全员的指导下，戴上结实的厚橡胶手套(必要时可在外面再戴一双一次性手套)进行清理。如果有玻璃碎片，应使用镊子清理。

(3)所有的离心管、玻璃碎片、离心桶、十字轴和转子都应浸泡在无腐蚀性的已知对相关微生物有杀灭活性的消毒剂内(如 75%酒精、新洁尔灭等)。未破损的带盖离心管应放在另一个有消毒溶剂的容器中，然后回收。

(4)离心机腔内用适当浓度的同种消毒剂擦拭 2～3 遍，然后用清水擦洗干净，晾干后再用。

(5)清理时使用的材料应按感染性废弃物处理。

八、使用消毒剂进行处理的具体步骤

用干纸巾覆盖溢出物后，再放上浸有消毒液的纸巾。使消毒剂包围溢出物，并确保消毒剂与污染溢出物能充分接触，尽可能减少气溶胶的形成。对溢出物附近的所有物品进行消毒处理时，需达到规定的作用时间，以充分发挥消毒剂的消毒作用；使用正确的消毒剂擦拭设备，并按照正确的生物危害物处理程序处理被污染的物质。

九、发生自然灾害

(一)地震

在地震区不应建设 BSL-3 以上实验室。万一发生地震，应根据实验室被破坏的程度进行处理。

(1)房屋倒塌：BSL-2 以上实验室首先是设立适当范围的封锁区，其次是进行适当范围的消毒，边消毒边清理，最后由专业人员在做好个人防护的前提下对实验室边消毒边清理，清理到菌(毒)种保存室。

(2)实验室轻微损坏可由专业人员按照上述方法处理。

(二)水灾

在经常发生水灾或可能发生水灾的地区不应建设 BSL-3 以上实验室。万一发生水灾报警时应停止工作,转移菌(毒)种和相关材料,对实验室进行彻底消毒。对仪器设备消毒转移和进行有关防水处理。

(三)火灾

实验室应加强防火。万一发生火灾,对于 BSL-3 以上实验室,首先要考虑实验人员安全撤离,其次是工作人员在判断火势不会迅速蔓延时,可力所能及地扑灭或控制火情。消防人员要在专业人员陪同下进入实验室,不得用水灭火。消防部门要控制火情,以防火灾殃及周围建筑。

第五节 实验室生物安全管理

生物安全管理的三大要素分别是硬件、软件和人。硬件是指设施设备来防护,软件是指管理体系和规章制度来约束,人是指受严格训练的人员来操作。实验室生物安全管理的方针至少应该包括三个基本承诺:①承诺持续改进;②承诺遵守实验生物安全法律法规及其他要求;③承诺预防实验室事故,保护实验人员安全健康。

一、实验室生物安全管理内容

(1)各生物实验室应结合本实验室特点,有针对性地制定安全管理制度并严格落实。

(2)各生物实验室对进入实验室工作的人员要进行专项安全培训。

(3)各生物实验室应制定针对本实验室紧急情况的应急预案。

二、实验室准入规定

(1)在Ⅱ级以上生物安全实验室入口处的显要位置,应张贴国际通用的生物危险警告标志并标明生物安全等级。

(2)只有经过批准的实验室工作人员方可进入实验室工作区域。在开展有关传染病源的工作时,应禁止或限制患有免疫缺陷或免疫抑制疾病的人员进入实验室。

(3)进入动物房应经过特别批准,儿童不允许进入实验室工作区域。

(4)进入实验室应穿戴工作服。

(5)与实验室工作无关的物品应放在工作区域外,不得带入实验室。

三、实验室工作区

(1)实验室保持干净整洁,不得在实验室内摆放与实验无关的物品。

(2)实验室内不得进食、饮水、吸烟,并应在明显位置张贴"禁止进食""禁止饮水""禁止吸烟"等标志。实验室工作区内的任何地方均不得存放食品和饮料。

(3)所有受污染的材料、样品和培养物在废弃或清洁再利用之前,必须清除污染。高压灭菌是清除污染的首选方法,也可以利用消毒剂和化学试剂除去、杀灭微生物。

(4)每日工作完毕,所有操作台面、试管架及仪器设备均须擦拭、消毒。

(5)实验室的门通常应保持关闭状态。

四、生物安全实验室操作规范

(1)实验前必须先熟悉实验所涉及内容的相关安全知识。

(2)进行任何涉及危险材料的实验均须采用安全设备,在实验前应检查安全设备是否能够正常使用,如有问题应及时修理,修好之前不要急于做实验。

(3)在进行所有样本、培养物的相关操作时都应戴手套。当手套被污染时,应立即脱掉,清洗双手,更换新手套。

(4)切勿用戴手套的手触摸皮肤,特别是眼、鼻、口或其他暴露的部位。禁止戴着手套在实验室来回走动或将手套带出实验室。

(5)切勿将液体、标签等实验物品放入口中或舔舐。

(6)所有样本、培养物和废弃物均应以安全的方式进行处理和处置,并进行安全有效的保存。样本、培养物或废弃物必须经高压灭菌等有效方式消除污染后方可处理。

(7)任何有形成气溶胶可能性的操作都必须在生物安全柜里进行。所有的实验步骤都应尽可能使气溶胶或气雾的形成控制在最低程度。有害气溶胶不能直接排放到大气中。

(8)必须严格按操作规程使用移液器。

(9)在实验中应尽可能减少利器的使用,应尽可能使用替代品。包括针头、玻璃、一次性手术刀在内的利器应在使用后立即放置在耐扎容器中。尖利物容器应在内容物达到三分之二前更换。

(10)在实验室内没有受到污染的书面文件才能带出实验室。

(11)任何实验事故或异常情况,都必须向实验室负责人报告并及时处置,处置完成后应将处理过程详细记录并存档。

五、生物安全管理体系

健全和行之有效的管理体系是保障实验室硬件设施发挥其安全作用的必备条件,历史告诉我们绝大多数生物安全实验室感染和泄漏事件的发生都是由于管理不善。而在我国目前病原微生物实验室硬件设施比较差、工作人员生物安全意识比较薄弱的情况下,加强实验室生物安全管理体系建设尤为重要,如图 6-13 所示。

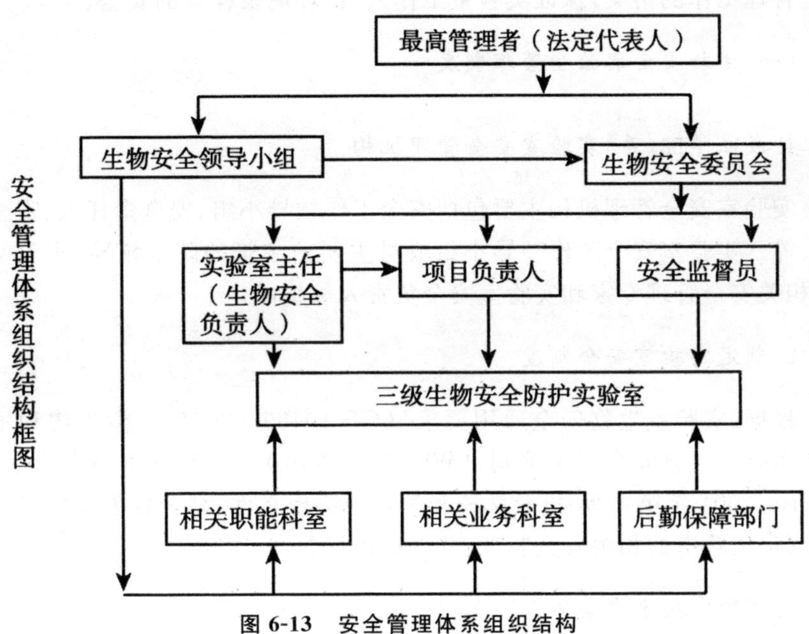

图 6-13　安全管理体系组织结构

近几年,我国相继出台了一系列条例规范,为实验室生物安全管理体系建设打下了坚实的基础,如国务院颁发了第 424 号令《病原微生物实验室生物安全管理条例》和第 380 号令《医疗废物管理条例》。法律法规和各项生物安全规定只有落实到每个实验室,才能建立完善的生物安全实验室管理体系。

实验室生物安全管理体系由生物安全管理组织体系和生物安全管理制度体系两部分构成。生物安全管理制度体系，包括实验室人员和项目准入制度，人员培训考核制度，人员健康监护制度，生物安全检查制度，实验室人员生物安全行为规范，事件、伤害、事故和职业性疾病报告制度，实验室生物危险标识使用规定，实验室内务管理制度，实验室菌(毒)种和生物样本安全保管和档案管理制度，实验室废弃物管理制度，实验室消毒隔离制度，实验室应急处置预案，实验活动生物安全标准操作规程等。

六、生物安全实验室管理制度及安全标识

实验室安全管理制度及安全标识是为了实现实验室及其环境安全运行的方针目标，有效地开展各项安全管理活动，而建立的相应管理体系及安全标识。每个实验室工作人员必须自觉地遵守各项安全管理制度，才能保证安全管理工作的落实，保证实验室工作人员、环境及样本的安全。

(一)生物安全实验室管理制度

1.成立学院(系)实验室安全管理机构

实验室安全管理机构主要包括安全工作领导小组、安全责任人、安全负责人等。实验室安全工作领导小组成员主要由主管的院系领导、实验室主任、相关安全管理专家和实验室安全负责人等组成。

2.制定实验室安全制度

根据《实验室生物安全通用要求》(GB 19489—2004)、《微生物和生物医学实验室生物安全通用准则》(WS 233—2002)、《实验室生物安全手册》(WHO，2004 年第 3 版)以及学校和学院的法规文件，结合各单位的实际情况，制定实验室的相关安全制度，并严格执行。

3.实验室技术安全体系

实验室技术安全体系主要包括操作安全、网络安全、消防安全、环境安全、保密安全、防护设施等方面。各学院(系)结合本单位的实验室特点，制定适合于本单位的危险化学品、生物安全操作规则和大型精密贵重仪器设备(特种设备)操作规程等，以保证使用人安全操作，预防安全事故的发生。

4. 建立实验室安全事故应急预案

根据国务院《国家突发公共事件总体应急预案》的要求，参考危险化学品类应急预案和消防类应急预案等。各学院（系）根据本单位的具体情况，制定符合本单位的安全事故应急预案，并进行一定范围内的演练，以便在发生危险事故时能及时做到应急反应。

（二）生物安全实验室安全标识

实验室安全标识应清楚地告诉进入实验室的人员需要注意的安全问题以及实验操作的安全要求。安全标识需要在实验室相关区域张贴，常见的实验室生物安全标识如图 6-14 所示。

图 6-14 常见实验室安全标识

七、记录管理

记录，就是将所取得的结果或所完成的活动以记录方式形成的文件，它可追溯性提供证据，是实验室活动的表达方式之一。

（一）记录的编写原则

因记录是活动发生及其效果（结果）的客观证据，又是一种历史性资料，也是实验室活动过程和生物安全管理体系运行情况的证明，故要注意记录不要缺项，做到实验室的每一项活动都有相应的记录。

（二）记录的要求

记录的标识唯一性，便于识别；格式应包括记录的方式和形式；应有目录或索引；明确查取的方式和权限。生物安全管理记录可采用表格形式。内容包括记录的前后情况，还应有修改者的标识、记录保存方式、责任人及保留时间与销毁、记录的维护以及安全措施，以便查阅和理解。原始记录应真实并可以提供足够的信息，保证可追溯性。对原始记录的任何更改均不应影响识别被修改的内容，修改人应签字和注明日期。

（三）记录的类型

记录包括（但不限于）以下类型：

（1）职业性疾病、伤害、不利事件记录。

（2）危险废弃物处理和处置记录。

（3）事件、伤害、事故和职业性疾病的报告。

（4）工作人员培训、考核记录；工作人员健康监护记录；人员、物品出入记录。

（5）实验活动记录；试剂、耗材购置、配制、使用记录。

（6）安全检查记录；安全计划的审核和检查记录。

（7）职业暴露记录（含处理、预防及治疗措施）。

（8）实验室消毒记录以及其他记录（如管理体系文件发放、回收记录、人员档案等）。

八、生物安全实验室废弃物管理

（一）感染性材料的销毁

废弃物处理最有效和彻底的清除污染方法通常为高压灭菌。

（1）感染性实验废弃物应进行高压蒸汽灭菌或放入有效氯含量不低于0.5%的消毒剂中浸泡 24 h。灭菌或消毒处理后再使用黄色垃圾袋包装，按要求贴上警示标识及中文标签，运送至暂存地点存储。

(2)应当及时收集实验室产生的感染性废物。并放置于防渗专用包装容器(袋)或者防锐器穿透密闭容器内。

(3)感染性实验废弃物放入包装容器后不得取出。

(4)操作、搬动或运送过程中发现容器有破损、渗漏等情况时,应立即采取重新封装等措施并进行相应消毒处理。

(5)实验废弃物的容器外表面应有警示标识和中文标签,标签内容包括实验废弃物产生机构名称、产生日期、类别及需要的物别说明等。

(6)严禁将实验废弃物与生活垃圾混放。

(二)生物安全实验室废气排放管理

动物实验室的废气以氨气为主,主要是动物粪尿排泄物经细菌分解所产生的。对动物实验室废气的排放必须严格要求,高度重视生物安全动物实验室的废气处理,保护内外环境。

(1)动物饲养间须安装独立空调或高效过滤设备,利用气压差控制废气排放。每个房间及每个过滤器、压力调节阀、温湿度调节阀的位置均须清楚标识。风机、通风管道、净化、恒温、恒湿等设备须立体排列,便于定期检漏和维修。

(2)对啮齿类动物,尽量降低饲料密度,增加换气次数,使用具有辅助换气功能的隔离饲料盒,如独立送排风笼具(Individual Ventitaled Cage, IVC)。IVC系统的特点是每个笼盒均具有独立的送风和排风功能,因其笼盒相对独立,便于安置,能提高实验动物质量和人身健康保障,防止人与动物、动物与动物间的交叉感染,保护环境。

(三)生物安全实验室污水排放管理

清洗动物实验室的笼具、器械及地板时,会排放大量的废水、污水,若管理不科学,将直接导致实验室内外的环境污染。

符合排放标准的动物排泄物可以直接排入一般废水处理系统;含有致病微生物,威胁人体健康及环境卫生的废水必须经化学处理消毒(如次氯酸钠)或高温灭菌处理后才能排放。

(四)生物安全实验室动物粪便处理管理

对实验动物粪便、尿液处理的有效管理是防止疫情的滋生和传播,维护实验室工作人员健康安全的重要保障。

实验动物粪尿多采用垫料来吸收,须严格按照评估标准来选择合适的垫料。垫料的清理、收集应在设有负压的装置中进行,避免在整理过程中产生气溶胶，随空气飘散，影响环境。废弃垫料要包装密封于塑胶袋中，避免臭气外泄，防止苍蝇、蟑螂、啮齿类动物等的侵入，存储时间不得超过一日。事先须以印有“生物危害标识”的塑料袋密封，存储于特定场所，当日经高压灭菌后送出。

（五）实验动物尸体及其他固体废弃物处理管理

对实验动物尸体及废弃物无害化处理是实验室生物安全管理中的重要环节。具体要求：

（1）动物实验操作必须在专门的生物安全柜中进行，避免操作过程中产生气溶胶的污染。动物尸体必须进行回收前处理，无医疗锐器、敷料等其他实验废弃物。

（2）实验动物尸体用塑料袋包装，不得有液体物质流出，先置入冷柜保存，冷藏防止腐败。

（3）无毒害的动物尸体，可集中后统一按生物垃圾处理或焚化。

（4）被药品、生物制剂、病原生物等污染的实验动物尸体与未污染的分开包装，并做好标记，用装载生物危害物质的塑胶袋妥善包装，经蒸汽高温高压灭菌后冷藏，再集中焚化。

第七章　实验室电离辐射安全

核能和无线电技术的广泛应用，一方面给人类的生活和工作带来极大便利，但另一方面也产生了新的辐射污染。辐射既看不见也摸不着，并且充斥整个空间。根据辐射引发效应的不同，可将其分为电离辐射和非电离辐射。电离辐射，又称放射性辐射，能引起物质电离。非电离辐射，即电磁辐射，不能引起物质电离。对辐射工作人员而言，电离辐射的危害远远大于非电离辐射的危害。

对电离辐射的生物效应的研究也有百余年的历史，对其防护、诊治积累了很多经验。要充分利用该技术手段，需要了解电离辐射知识。掌握必备的辐射安全防护方法，就可以最大限度地避免对自身的辐射伤害。

第一节　电离辐射安全常识

一、日常生活中的电离辐射

环境中的电离辐射通常来自太空的宇宙射线和地壳中的少量放射性物质(或称为放射性同位素、放射性核素)；在实验室、医院和工厂中，人们也在利用电离辐射从事科研、治疗和生产，例如物理、化学和生物等科研领域，除了使用各种放射性核素外，还有很多现代分析仪器利用电离辐射为探针进行物化性质的测试分析，很多仪器装备有 X 射线发生器、电子及离子源等，它们已是现代科学研究中必不可少的手段。如放射性检查及治疗的医疗设备、安检使用的 X 射线仪器、建筑材料、天然石材、陶瓷、荧光灯起辉器、烟雾探测器等均会产生电离辐射。

二、电离辐射标志

国际上通用的辐射警告标志如图 7-1 所示。国家规定所有辐射场所都应在显著位置张贴辐射标识。遇到贴有这类标识的实验室不能随意进入。

图 7-1　电离辐射警告标志图

三、电离辐射的常见类型

电离辐射是一切能引起物质电离的辐射总称，其种类很多，包括高速带电粒子（α 粒子、β 粒子、质子等）、中性粒子中子和电磁波（X 射线、γ 射线等）。能产生或发射高能粒子的物质或装置称为辐射源或辐射装置。

1. α 粒子

α 粒子由两个质子和两个中子组成，与氦原子核相同。

2. β 粒子

β 粒子本质上与电子相同，是原子核中的一个中子转变成一个质子和一个电子时产生的，质子保留在原子核内，电子则以 β 粒子的形式被发射出。

3. γ 射线

γ 射线是一种从原子核发射出来的电磁辐射。电磁辐射是由一个被称为光子的能量包组成，光子是一种以光速传递的电磁波。γ 射线没有质量，也不带电。

4. X 射线

类似于 γ 射线，X 射线也是一种既无质量也不带电的电磁辐射。但是，

X射线与γ射线不同，γ射线产生于原子核内的转变，而X射线产生于原子核外电子不同能级之间的跃迁。

5. 中子

中子是存在于原子核内不带电的粒子。

上述粒子的能量通常在几十千电子伏特(keV)至几兆电子伏特(MeV)。由于物质(原子)的电离、激发能(eV级)相对辐射粒子的能量(0.1～10 MeV)是很小的，辐射粒子与被照物质(靶物质)接触后，会发生化学反应，甚至核反应。虽然不同能量、不同种类的辐射与物质相互作用的机理不尽相同，但辐射粒子往往会在其射程中产生大量的离子对和激发态的原子、分子，这种辐射就称为电离辐射。

第二节 电离辐射的危害及辐射防护原则

一、电离辐射的危害

日常生活中人们时刻受到辐射照射，宇宙射线和自然界中天然放射性核素发出的射线称为天然本底辐射。

近几十年，人工电离辐射源的广泛应用，成为人类接受的辐射照射的主要来源。

(一)电离辐射对人体健康的影响

随着放射性核素的广泛应用，越来越多的人认识到辐射对机体造成的损害随着辐射照射量的增加而增大，大剂量的辐射照射会造成被照部位的组织损伤，并导致癌变，长时间的小剂量照射蓄积也会导致照射器官组织诱发癌变，并会使受照射的生殖细胞发生遗传缺陷(表7-1)。

表7-1 成年人全身蓄积辐射症状

受照剂量/mSv	辐射影响	症状
100以下	无影响	无
100～500	轻微影响	白细胞减少，多无症状表现
500～2 000	轻度	疲劳、呕吐、食欲减退、暂时性脱发，红细胞减少

续表

受照剂量/mSv	辐射影响	症状
2 000～4 000	中度	骨骼和骨密度遭到破坏，红细胞和白细胞数量极度减少，有内出血、呕吐、腹泻症状
4 000～6 000	重度	造血、免疫、生殖系统以及消化道等脏器受影响，甚至危及生命

电离辐射可破坏机体内蛋白质、DNA 等生物大分子，导致细胞功能受损、诱发基因突变和染色体畸变等。机体对电离辐射作用的反应程度，取决于电离辐射的种类、剂量、照射条件及机体的敏感性等。机体受到电离辐射照射后，可能导致放射病。放射病是机体的全身性反应，几乎所有器官、系统均会发生病变，尤其以造血器官、神经系统和消化系统的病变最为明显。机体接受大剂量照射时，能在几小时或几天内出现大范围的细胞死亡或病变，甚至导致机体死亡。

身体局部受到一次或短时间内（数日）多次大剂量外照射所引起的急性放射性皮炎及放射性皮肤溃疡，称急性放射性皮肤损伤。

根据急性放射性皮肤损伤程度的不同，目前采用四度分类法，即：

Ⅰ度损伤——脱毛。

Ⅱ度损伤——红斑。

Ⅲ度损伤——水疱或湿性皮炎。

Ⅳ度损伤——坏死、溃疡。

电离辐射对机体的损伤可分为急性放射损伤和慢性放射损伤。急性放射损伤是由于机体在短时间内接受了大剂量的照射所致，常见于意外核事故的受害者和接受放射治疗的病人，可表现为骨髓造血组织、胃肠道、脑组织损伤等；慢性放射损伤是由于机体在较长时间内累积接受了一定剂量的照射所致，可表现为白细胞减少、造血障碍、皮肤损伤、生育力受损等。另外，辐射还可致癌和引起胎儿的畸形或死亡。

（二）电离辐射的生物效应

不同种类和能量的电离辐射对不同的生物组织器官的照射，诱发的某种生物效应的发生率以及诱发的某种生物效应的最小辐射剂量都是不同的。电离辐射产生的生物效应分为随机性效应和确定性效应两类。

1. 随机性效应

随机性效应是指健康受损是随机产生的，其发生的概率与辐射剂量有关,不存在剂量阈值的生物效应。电离辐射在任何物质中的能量沉积都是随机的,因此,任何小的剂量照射于机体组织或器官,都有可能在某一单个体细胞中沉积足够的能量,使细胞中DNA受损而导致细胞的变异。

2. 确定性效应

确定性效应是指健康受损的严重程度与辐射剂量有关,并存在剂量阈值的生物效应。受照的组织或器官中有足够多的细胞被杀死或不能繁殖和发挥正常的功能,而这些细胞又不能由活细胞的增殖来补充,就会发生确定性效应。

有研究表明,小剂量照射还可能对人体的抗辐射能力有积极作用,称为细胞和机体对辐射的适应性反应。不同的受照组织具有不同的辐照敏感性。受照敏感的组织有:乳腺、骨髓、小肠黏膜、皮脂腺、免疫响应细胞、干细胞和淋巴细胞等;耐辐射的组织有:心肌组织、大动脉、大静脉、成熟的血细胞、神经细胞和肌细胞等。表7-2列出不同形式的大剂量辐射产生的生物确定性效应。

表7-2 人体确定性效应

照射量	生物效应
10 000 R;全身一次性照射	受照几小时后死亡:明显的神经和心血管衰竭(脑血管综合征)
500～1 200 R;全身一次性照射	受照几天后死亡:带血腹泻,小肠黏膜受损(胃肠综合征)
250～500 R;全身一次性照射	受照几星期后死亡(50%死亡率):骨髓受损(造血综合征)
50～250 R;全身一次性照射	程度不同的恶心、呕吐、腹泻、皮肤红斑、脱发、水疱和免疫力降低等
100 R;全身一次性照射	中度辐射病,白细胞计数减少
25 R;全身一次性照射	血液中淋巴细胞计数减少
10 R;全身一次性照射	外周血液中的异常染色体数目增加;无其他可察觉损伤症状
600～900 R;眼睛部位	白内障
400～500 R;低能X射线局部照射	临时性脱发

续表

照射量	生物效应
1 500～2 000 R;200 keV 皮肤表面一次照射	红斑、水疱,并造成光滑、柔软凹状疤
500～600 R;200 keV 皮肤表面一次照射	红斑产生的阈值:7～10 d 后出现,随后逐步褪色

受照生物组织的损伤主要是由电离作用产生的。组成生物体的基本单元是细胞,而细胞是由胞物质(亚细胞器、生物大分子等)和细胞介质组成。射线与 DNA 等生物大分子作用可分为直接作用和间接作用两种机制(图 7-2)。

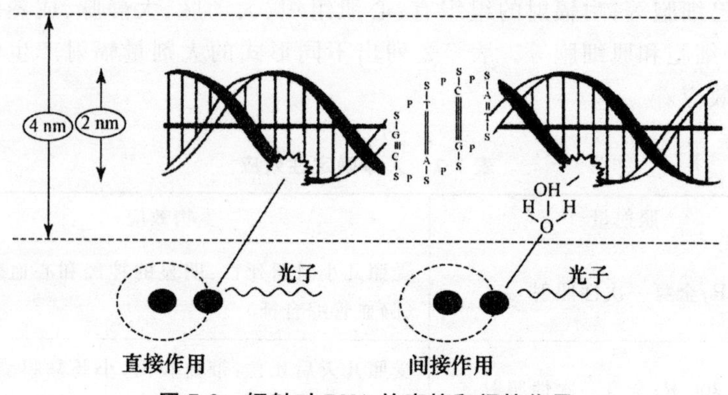

图 7-2　辐射对 DNA 的直接和间接作用

(1)直接作用(Direct Action),入射粒子与细胞中的生物大分子(DNA、RNA、蛋白质和酶等)直接作用,使这些大分子结构受损、功能异常,进而引发生物效应。

(2)间接作用(Indirect Action),射线与细胞介质(80%以上是水)相互作用,其中水分子被电离,产生大量自由基(如 H·和 OH·等),这些化学活性很高的自由基会危及周围的生物大分子,结果使生物大分子产生化学变化。

二、电离辐射防护原则

为了达到辐射防护的目的,要遵守辐射防护的基本原则,即辐射防护三原则。

（一）辐射实践的正当性

任何伴随有辐射危害的实践，都要进行代价与利益的分析。只有当社会和个人从中获得的利益超过所付出的代价（包括防护费用的代价和健康损害的代价）时，才能进行该项实践，这称为辐射实践的正当性，又称为合理化判断。

（二）辐射防护的最优化

最优化原则又称为 ALARA（As Low As Reasonably Achievable）原则。只要一项实践被判断为正当的，并已给予采纳，就需要考虑如何最好地使用资源来降低对个人与公众的辐射危害。辐射防护的最优化就是在考虑了经济和社会因素后，保证个人辐射剂量的大小、受照人数及不一定受到但可能遭受的照射，全部保持在可以合理做到的尽量低的水平。

（三）个人剂量限值

在实施上述两项原则时，要同时保证个人所受辐射的当量剂量不超过规定的相应限值。也就是隐含着，把职业性照射 20 mSv/a 和公众的 1 mSv/a 的限值作为最优化的剂量约束值。

第三节 实验室电离辐射防护措施

一、外照射防护

外照射是指体外辐射源对人体的照射。根据电离辐射与物质的相互作用可知，可能对人体造成危害的应该是穿透性较强的如 X、γ 射线，中子束，高能电子束等。

外照射防护是指采用一定的方法来减小人员可能受到的外照射剂量。为了尽量减少外照射对人体的伤害，在辐射防护管理工作中，应主要考虑时间、距离和屏蔽防护三方面因素。

（一）时间防护

在辐射源的辐照强度等因素不变的情况下，机体所受照射剂量的大小与受照时间成正比。在辐射区域暴露时间越短，受照射剂量就越少，对人体的放射性危害就越少。因此，做好实验设计十分重要，应尽量缩短放射性工作的时间，以减少受照射剂量。实验前最好预作模拟或空白试验，提高操作的熟练度，不要使用放射性核素进行新技术和不熟悉的技术工作。有条件时，可以由几个人共同分担任务，以缩短在辐射区或实验室停留的时间。另外，要尽可能缩短实验室内放射性废物的处理周期。

（二）距离防护

辐射剂量率与距辐射源距离的平方成反比，与辐射源的距离越大，剂量率越小。因此，可采用不同的装置或机械方法，尽可能增加操作人员与辐射源之间的距离，以减少吸收剂量。例如：使用长柄钳子、镊子或远程移液器等。

（三）屏蔽防护

屏蔽防护是指在人体与辐射源之间安装防护屏障，以降低射线对人体的危害。常用的屏蔽材料有钢筋水泥、铅、铅玻璃等，射线穿过此类防护屏障时会被吸收大部分能量，人体所受的辐射剂量就减弱了。屏蔽辐射源应考虑两方面问题：一是辐射源的直接辐射；二是地板或天花板等处反射的辐射。屏蔽物有固定式和活动式两种：固定式屏蔽物指墙壁、防护门、观察窗、水井等；活动式屏蔽物指铅砖、铅玻璃、各种包装容器等。屏蔽物应尽量靠近辐射源。屏蔽物所用材料和厚度的选择取决于辐射的穿透力。1.3～1.5 cm 厚的丙烯酸树脂屏障、木板或轻金属可以对高能量的 β 粒子起到屏障作用，高密度的铅可屏蔽高能量的 X 射线和 γ 射线（图 7-3）。

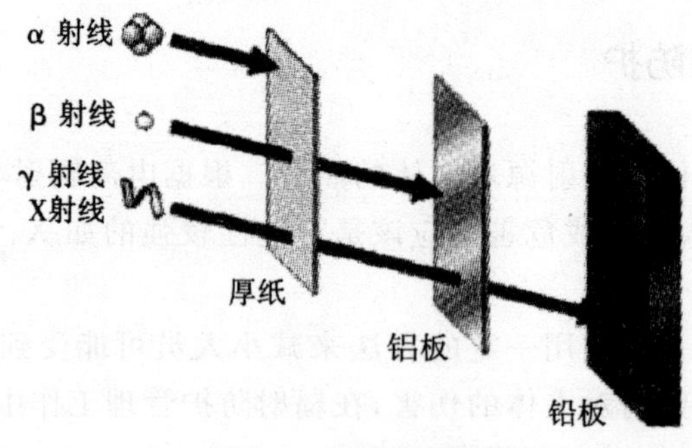

图 7-3　射线的屏蔽

对源密封或使用多重容器（包括手套箱、通风柜、热室）等方法（图 7-4），可阻止有害物的摄入。

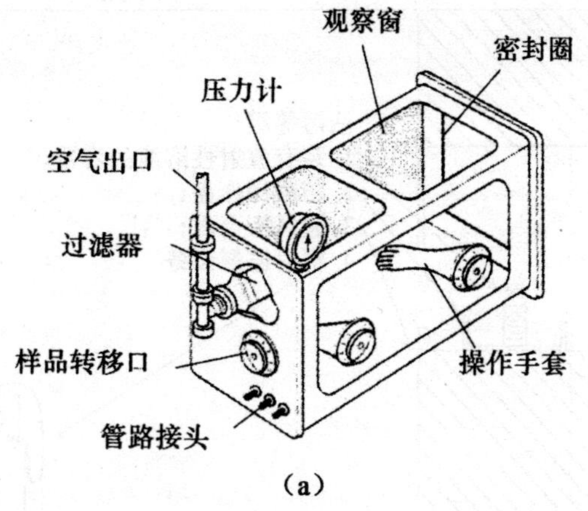

(a)

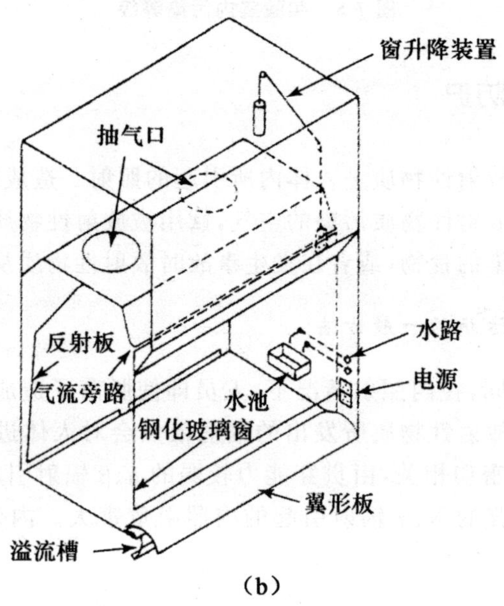

(b)

图 7-4 手套箱(a)和通风柜(b)

除采取上述防护措施以外,对于可能产生污染的工作区,需要在实验前进行本底检测,并实时监测实验过程中工作区的剂量水平,以便提示操作人员控制实验区的放射性污染水平(图 7-5)。手部容易受溅洒和气溶胶的污染,应频繁监测。实验完毕或一天工作结束后,要检测工作区污染情况,工作人员的衣服、鞋帽等也应检测合格。

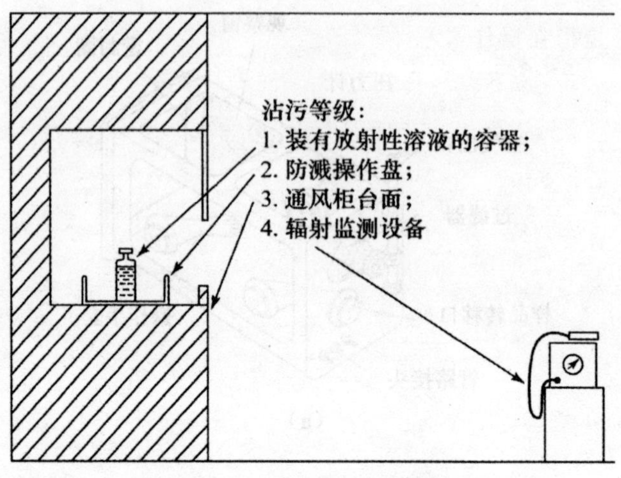

图 7-5　实验室内污染等级

二、内照射防护

内照射是指放射性物质进入体内所引起的照射。造成内照射的原因通常是由于吸入被放射性物质污染的空气,饮用被放射性物质污染的水,食入被放射性物质污染的食物,或者在发生事故时放射性物质从伤口进入体内。

(一)内照射防护的一般方法

与外照射不同,在内照射情况下,人员即使脱离了造成内照射的环境,已经进入体内的放射性物质所发出的辐射依然会对人体进行照射,且辐射危害与辐射粒子密切相关,由贯穿能力较弱的 α、β 辐射引起的内照射危害远比贯穿能力较强的 X、γ 辐射引起的内照射危害大。内外照射危害的特点列于表 7-3。

表 7-3　内外照射危害的特点

照射方式	辐射源类型	危害方式	常见致电离粒子	照射特点
内照射	多见开放源	电离、化学毒性	α、β	持续
外照射	多见封闭源	电离	β、质子、γ、X、n	间断

内照射防护的一般措施是制定各种规章制度,采取各种有效措施,尽可能地隔断放射性物质进入体内的各种途径,使摄入量减少到尽可能低的水平。

内照射防护的基本方法是包容、隔离、净化和稀释。

(1)包容是指在操作过程中,将放射性物质密闭起来,如采用通风橱、手套箱等,均属于这一类措施,在操作强放射性物质时,应在密闭的热室内用机械手操作。对工作人员,可用工作服、鞋、帽、口罩、手套、围裙、气衣等防护用具,将操作人员围封起来,以防止放射性物质进入体内。

(2)隔离就是分隔,根据放射性核素的毒性大小、操作量多少和操作方式等,对工作场所进行分级、分区管理。

(3)净化就是采用吸附、过滤、除尘、凝聚沉淀、离子交换、蒸发、储存衰变、去污等方法,尽量降低空气、水中放射性物质浓度、降低物体表面放射性污染水平。

(4)稀释就是在合理控制下利用干净的空气或水使空气或水中的放射性浓度降低到控制水平以下。

(二)内照射防护的主要措施

内照射防护的主要措施有以下几方面。

1.防止放射性物质经呼吸道进入体内

防止放射性物质经呼吸道进入体内的预防措施有空气净化(过滤、除尘)、稀释(换气)、密闭包容(在手套箱或热室中进行操作),工作时必须戴手套、口罩,穿防护服,以防止污染,必要时可使用遥控方法进行操作;不要用口吸取溶液或吹玻璃管;不得在实验室内进食、吸烟等;工作完毕后,应立即洗手、漱口;有条件时,可用放射性检测仪进行检测。

2.避免放射性物质经口进入体内

做好个人防护,防止放射性核素通过口、皮肤进入人体。实验开始之前,应剪短指甲。若皮肤有伤口,必须包扎好,以避免放射性核素接触到伤口。

在通常情况下,食品被放射性物质污染较为少见,主要是防止衣物和水源污染。实验室内工作人员必须遵守有关安全操作规程,防止经被污染的手接触食物而将放射性物质转移至体内。

3.降低表面污染水平

一旦放射性核素对环境和人体造成污染,必须尽早去除污染物,去污方法依处理对象性质不同略有差别,一般可采用清水冲洗,或加软毛刷刷洗,或选用合适的去污剂进行清洗等。去污处理后,应及时对除污后的表面进行放射性检测，表面污染水平应符合国家相关规定。

三、安全使用放射源

永久放射性工作场所要有永久的放射性标志(图 7-1)，临时使用放射性物质的场所可暂时设立放射性标志。使用放射性物质的实验室门外除应贴有放射性标志外，还应标明负责人的姓名和联系电话。

(1)实验室内所有存放放射性物品、有辐射发生设备或受到放射性沾污的地点和物品，包括仪器设备、推车、托盘、容器及大范围区域等，即高于本底的地点和器物，都应有放射性标志，贴上放射性标签或胶条，并标明包含的放射性核素、日期、活度(dpm 或 Ci)。放射性污物也应贴上放射性标签，污物桶标签应有放射性废物的列表。

(2)操作放射性物质要戴橡胶手套，穿好实验服及必要的辐射防护用具；操作使用 γ 射线和高能 β 射线核素应戴护目镜或眼镜；移取放射性溶液时禁止用嘴吸取移液管；操作易产生气溶性物质的放射性样品必须在通风柜中进行。存储和转移放射性物质的容器应密封良好，使用双层容器封装以防止容器破裂遗洒，并使用托盘和手推车运输。实验者应负责去除工作区内的放射性污染；实验室应有放射性污物桶专门存放放射性废物。离开工作区前，放射性操作人员必须进行全身放射性污染检测，合格后方可离开。实验者应确保放射性样品的安全，随时防止此类物品失控。平时要锁好容器和实验室，避免未经许可的使用和转移。

操作 γ 放射源或强 β 放射源时要有适当的屏蔽措施，包括铅砖、铅围裙、铅玻璃、铅眼镜等(如图 7-6 所示)。

(3)带辐射源的仪器和辐射发生装置，包括气相色谱、X 射线仪器、电子加速器、诊断和治疗用 X 射线机和电子显微镜等，应有必要的安全措施，辐射源附近要贴有辐射标志。操作人员应获得辐射安全主管部门培训和许可证，并佩戴个人辐射剂量计，如图 7-7 所示，并应使他们了解其所使用的个人剂量计的性能和使用方法。

(4)实验室及课题组应有放射性物品存量清单和使用记录，要及时更新并打印存档。记录要真实、完整、可靠，应包括放射性物质的用量、日期和使用者，日后作为辐射安全主管部门的调查依据。密封源应定期进行泄漏检查。

(5)使用放射性物品(也包括其他有毒化学品和生物制品)的实验室内禁止饮水、进食、吸烟和化妆，也不能存放此类物品。如需要，可设立单独的、完全与实验室隔离的房间作为休息、进食使用。如使用空食品容器装载实验物品，应贴有明显标志。

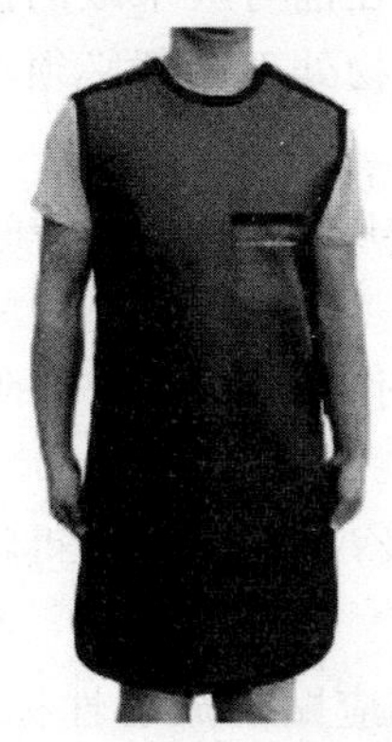

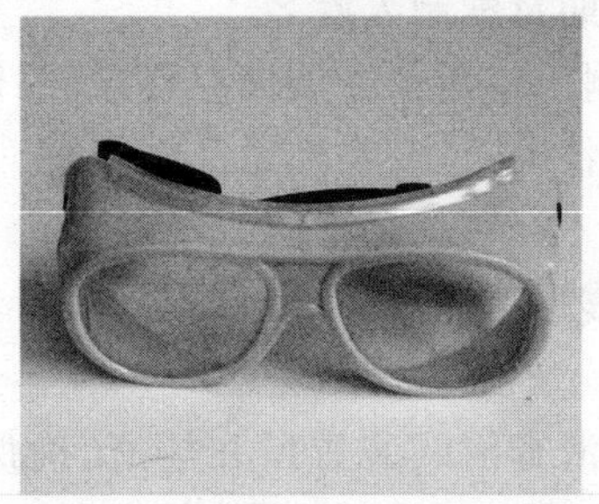

图 7-6　铅围裙、铅玻璃、铅眼镜

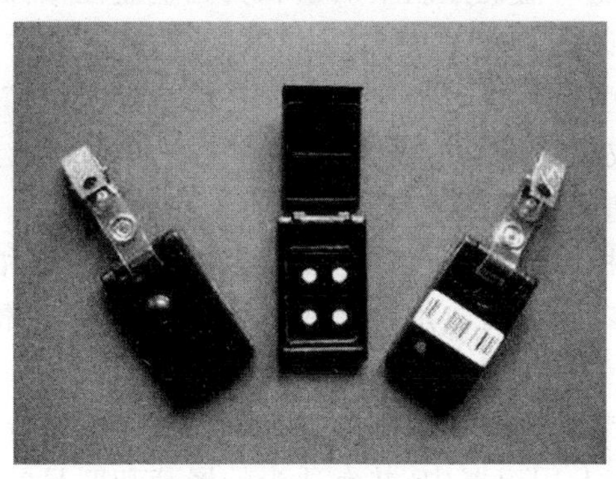

图 7-7　个人剂量计

四、安全使用非密封放射性物质

(1)在进行实验前必须了解所使用的放射性物质的性质(如射线种类、能量、半衰期、毒性及发生事故的处理方法等)，精心设计实验。实验时，必须细心操作、注意力集中。

(2)所有放射化学操作都要求戴乳胶手套,在铺有吸水纸的搪瓷盘中进行;放射性气体、粉末的操作以及蒸馏、回馏、废物处理等都必须在手套箱或通风柜中进行。

(3)应严格限制含极毒、高毒性质放射性物质的操作;复杂的放射性操作,要事先做好空白实验。

(4)操作毫居里级(mCi)的放射性物质时,应考虑有效的屏蔽防护措施。

(5)不能戴着手套拿公共药品或接触仪器及门窗把手,不得将实验服带出实验区。

(6)盛有放射性物质(包括废物)的容器,都应贴上放射性标签,标明同位素名称、强度、配制日期及配制人姓名。

(7)放射性废液应倒入特定的废液储存容器,固体废物则放入放射性废物专用铅质容器。不能将废液、废物随意乱倒乱放。

五、安全使用射线装置

(1)运行前,应认真清查射线装置所在场所,确保联锁和报警系统正常工作;确保实验室内无人员误入,所有防护联锁门关闭。

(2)运行时应随时监视控制室剂量和实验室监控摄像,遇到紧急意外情况时,应立即关停设备。

(3)运行时产生较强辐射的射线装置会使空气"活化",即空气中含有短寿命放射性气体成分。所以应对实验室空气进行不间断置换,一般在停机0.5 h后,才可以进入射线装置工作场所。

(4)射线装置检修前,须进行辐射强度测量,并采取相应防护措施后方可进行检修。检修后,应对参加检修人员的体表和衣服、检修工具以及地面进行表面污染检测。

(5)有些射线装置会采用氚等放射性材料作为靶材等,这类放射性材料须放在指定场所和专用容器中,并有适当的屏蔽和明显的辐射警告标志,若为气体则应有过滤排放系统。

第四节　电离辐射事故应急救援

辐射事故是指由于放射源丢失、被盗、失控,或者放射性同位素与射线装置失控，而导致人员受到意外照射、环境污染以及经济损失等方面的事故。

发生辐射安全事故，应立即启动事故安全应急预案，及时报告事故的相关情况。

(1)立即通知事故区内的所有人员并撤离无关人员，及时报告给相关部门及负责人。

(2)撤离有关工作人员，并在辐射安全专家的指导下开展相关紧急处置行动，封锁现场，控制事故源，切断一切可能扩大污染范围的环节，防止事故扩大和蔓延。放射源丢失，要全力追回，放射源脱出，要将放射源迅速转移至容器内。

(3)对可能受放射性核素污染或者损伤的人员，立即采取暂时隔离和应急救援措施，在采取有效个人防护措施的情况下组织人员彻底清除污染并根据需要实施医学检查和医学处理。

(4)对受照人员要及时估算受照剂量。

(5)污染现场未达到安全水平之前，不得解除封锁，将事故的后果和影响控制在最低限度。

第五节 电离辐射安全与防护管理

一、实验室管理

(1)进入放射性实验室，应佩戴个人剂量计；在非密封放射源工作场所(如放射化学实验室)内操作放射性物质，必须戴口罩、穿实验服、穿工作鞋、戴工作帽。

(2)在有比较严重的疾病或外伤时，不要进入放射性实验室。

(3)不能将与实验无关的私人物品(如衣物、书包和食具等)带入放射性实验室，实验室内不能进食、饮水、吸烟。

(4)离开放射性实验室前应进行全身放射性物质沾污检测，合格者方可离开实验室。

(5)实验室内应保持清洁、整齐。

二、实验人员

(1)使用放射性同位素与射线装置的单位，其辐射工作人员和各涉源单位辐射防护负责人应定期参加国家有关部门指定机构组织的辐射安全培训。环境保护部门的培训每 4 年一次,卫生部门的培训每 2 年一次。参加培训且合格者才能从事放射性工作。

(2)临时辐射工作人员应参加学校组织的课堂讲座和网络培训,获准后,方可进行相关工作。

(3)辐射工作人员应参加学校组织的岗前、在岗和离岗的职业体检,每 2 年一次。

(4)辐射工作人员每个季度都应将所佩戴的个人剂量计送检,个人剂量检测结果存档。

三、使用人员的剂量限值

(一)工作人员剂量限值

剂量限值方面应对任何工作人员的职业照射水平进行控制,使之不超过下述限值:

(1)由审管部门决定的连续 5 年的年平均有效剂量(但不可作任何追溯平均):20 mSv。

(2)任何一年中的有效剂量:50 mSv。

(3)眼晶体的年当量剂量:150 mSv。

(4)四肢(手和足)或皮肤的年当量剂量:500 mSv。

(二)公众照射量限值

使公众中有关关键人群组的成员所受到的平均剂量估计值不应超过下述限值:

(1)年有效剂量:1 mSv。

(2)特殊情况下,如果5 个连续年的年平均剂量不超过 1 mSv,则某一单一年份的有效剂量可提高到 5 mSv。

(3)眼晶体的年当量剂量:15 mSv。

(4)皮肤的年当量剂量:50 mSv。

四、放射性同位素与射线装置

(1)涉源单位应指定专人担任本单位放射性同位素与射线装置台账管理员。

(2)放射性同位素在到货后应立即入库存放并建立相应的台账;射线装置应在安装完成后、通电运行前,建立相应的台账。

(3)放射源台账应登记核素名称、活度、形状、数量、购买时间、使用时间、归还时间和使用人等详细内容。

(4)非密封放射性物质台账应登记核素名称、购买时间、购买量、取用量、剩余量、使用人和使用时间等详细内容。

(5)射线装置台账应登记射线装置名称、型号、技术参数、存放场所、首次通电运行时间、使用人、运行情况、故障信息和升级改造情况等详细内容。

(6)放射性同位素在出入库房时,应登记进出库房时间、领用人、库房双人双锁保管人、事由、领用放射性同位素的核素名称和数量等详细内容。

(7)处置废旧放射源和放射性废物,应经学校有关部门审核,并由专门部门统一组织和实施送储。

(8)含有放射性同位素的装置在处置前应由专业人员取出放射源,该放射源按照废旧放射源(参见上一条)送储。

(9)经环保部门检测认定为解控水平以下的短半衰期放射性废物,可按一般废物处置。

(10)长半衰期放射性废物、经环保部门检测认定为解控水平以上的短半衰期放射性废物的处置,应按照国家和地方相关规定包装和运储。液态放射性废物在送储前,须固化处理。

五、射线装置的安全使用与管理

(一)射线装置安全原理及管理要点

射线装置的辐射安全原理比较简单,因为这类设施的辐射特点是不供电的情况下即停止任何初级辐射,而且,这些辐射具有很强的方向性及由此导致的辐射范围的局限性。所以,在停电时自然实现“故障—安全”,在正常运行时只要将有辐射的区域控制好即可。

对于中高能加速器,由于运行中有中子活化产生的活化产物,然而它们的半衰期大都很短,仅有一部分半衰期很长,所以停机后要等待一定时间后才可接近,并且有些部件要作放射性物件对待。

另外,当加速器作为中子发生器使用时,常要使用氚靶。氚靶在使用中由于靶被带电粒子轰击发热而有氚气释放,在冷却系统失效时会更严重,所以,要防止氚污染。

（二）X射线机安全原理及管理要点

X射线分析仪由于使用了薄窗，有用射线束的照射量率很高，若不注意防护，会使操作这类仪器的工作人员受到严重的皮肤烧伤。工作人员要经常调节仪器，特别是调整X射线束的方向，使之对准分析样品及照相机或探测器。

电子器件发射的X射线能量较低，当它们安装在设备中时，机箱外的辐射水平是很低的。当维修人员打开机箱进行维修调试时，会受到一定的照射，要注意防护。

调节X射线衍射仪时，工作人员不仅要注意避开初级X射线，还要避开衍射X射线，以防眼睛受伤害。对于用来测定晶体方向的定向仪，应采用小型活动防护屏，并使其与X射线出射开关联锁，工作人员装好晶片，盖好屏蔽罩后，才能接通X射线管高压电源。

（三）加速器安全原理及管理要点

为了能够使加速器安全运行，通常设有相关的安全系统如联锁装置、警告装置、辐射监测装置和观察系统等。

联锁装置是指当加速器存在某种危险状态时能立即自动切断电源或束流，达到强辐射立即消失的电器线路。该装置有两个作用：防止人员在加速器运行期间进入超过某辐射水平的区域；防止在这个区域内出现可能超过某辐射水平的运行。

通常使用的警告装置有目视装置状态灯、辐射标志和音响装置，直观地告诉人们加速器的工作状态。

在可能存在辐射危害的地方都应安装区域辐射监测装置，并要求这些装置与联锁装置相结合。这些区域的辐射水平可能随加速器的运行状况变化，因此辐射监测仪应该是连续工作的。当辐射水平超过预定值时，这些仪器应给出警告信号或切断束流。这些仪器在控制台上或就地都能给出读数。

为了判断加速器厅或靶厅是否有人，或检查这些区域内的情况，往往需要在屏蔽墙上安装观察窗，或者在迷宫内设置潜望装置。

在加速器运行中，加速器产生辐射的电路的控制电源，能通过钥匙开关启动。钥匙属于负责设施防护的人员的监督和责任范围。对低能加速器的控制一般较简单，用钥匙开关就能开启加速器的控制电源。然而，在比较复杂的机器中，较为安全而且常常提供的做法是独立地控制辅助设备和仪器的电源。

一个区域经过检查或关闭后，该区域的声光报警信号就预示着在该区域将存在辐射危险，而且直到信号停止。这个预防措施对警告那些在不经意中而滞留在后边的人来说是很有必要的，他们能通过应急开关或者打开出口门，断开联锁电路。信号必须保持足够长的时间，以允许他们采取这项紧急行动。

辐射安全系统的目的是保证执行正确的操作程序的一种辅助措施。这个系统的作用必须依赖于与其相关的人员，他们不仅要熟悉该系统和程序，而且要重视安全系统并执行其程序。

必须培训进入控制区的人员在该区域内所能从事的活动，应用安全程序和预防措施，避免照射或将照射限制到最小。培训的内容应当包括特定区域和操作系统的说明、警告信号的意义、紧急开关以及联锁系统。

当加速器利用氚靶作为中子发生器使用时，设备表面和工作场所空气常常会发生氚放射性污染，所以建立和设计相应的氚污染监测和应急措施是必不可少的。特别要注意不能使氚靶达到过高的温度。

第八章　实验室特殊仪器设备使用安全

近年来，随着高校实验室建设的快速发展和实验手段的不断更新，实验中使用的高温、低温、高能、高速运转、动力、试验水池等特殊类型的仪器设备和装置越来越多，若缺乏必要的安全防护知识，会造成生命和财产的巨大损失。因此，普及和加强这方面的安全技术知识就显得尤为必要。

第一节　高温、高压类仪器设备使用安全

一、　高温装置使用安全

实验室常见的高温类仪器设备主要有电炉（箱式电炉和封闭电炉）、马弗炉、燃烧炉、干燥箱（烘箱）等（如图 8-1 所示）。

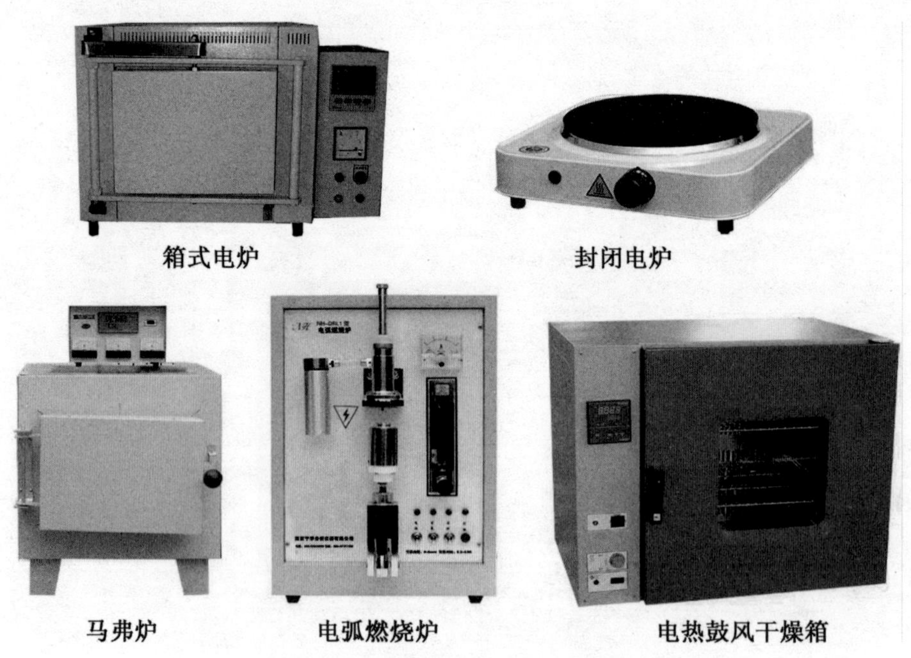

图 8-1　实验室常见高温类仪器设备

(一)箱式高温炉

箱式高温炉是实验室常用的加热设备。使用时要注意如下方面。

(1)高温炉要放在牢固的水泥台上,周围不应放有易燃易爆物品,更不允许在炉内灼烧有爆炸危险的物体。

(2)高温炉要接有良好的地线,其电阻应小于 5 Ω。

(3)使用时切勿超过箱式高温炉的最高温度。

(4)装取试样时一定要切断电源,以防触电。

(5)装取试样时炉门开启时间应尽量短,以延长电炉使用寿命。

(6)不得将沾有水和油的试样放入炉膛,不得用沾有水和油的夹子装取试样。

(7)一般根据升温曲线设定升温步骤。低温手动升温时,注意观察电流值,不可过大。

(8)不得随便触摸电炉及周围的试样。

(二)马弗炉

马弗炉(Mume Fumace)是一种通用的加热设备,以电为热源,通过电热元件(电炉丝、硅碳棒、硅钼棒等发热体)将电能转化为热能,在炉内对样品进行加热。

使用马弗炉时,若操作不当,容易发生烫伤、灼伤、烧伤、触电等安全事故,因此,操作时务必注意以下事项。

(1)马弗炉应放于坚固、平稳、不导电的平台上。为确保马弗炉的使用安全,必须加装地线,并良好接地。

(2)使用温度不得超过马弗炉最高使用温度下限。

(3)灼烧沉淀时,按规定的沉淀性质所要求的温度进行,不得随便超过。

(4)热电偶不要在高温状态或使用过程中拔出或插入,以防外套管炸裂。

(5)不得连续使用 8 h 以上。

(6)要保持炉外清洁、干燥;炉子周围不要放置易燃易爆及腐蚀性物品。

(7)禁止向炉膛内灌注各种液体及易溶解的金属。

(8)不用时应开门散热,并切断电源。

(9)当马弗炉第一次使用或长期停用后再次使用时,必须按要求进行烘炉。使用时,炉温不得超过额定温度,以免烧坏电热元件。

(10)使用时炉门要轻开轻关,以防损坏机件。在炉膛内放取样品时,应先关断电源,并轻拿轻放,以保证安全和避免损坏炉膛。

(11)实验过程中,操作人员不得擅自离开,应随时注意温度变化。如发现异常情况,应立即断电,并由专业维修人员检修。

(12)加热后的坩埚宜转移到干燥器中冷却,放置缓冲耐火材料上,防止吸潮炸裂。

(13)实验完毕后,样品退出加热并关掉电源。在炉膛内放取样品时,应先微开炉门,待样品稍冷却后再小心夹取,防止烫伤。

(14)要经常保持炉膛清洁,及时清除炉内氧化物。

(三)燃烧炉

1.燃烧炉简介

燃烧炉、电弧燃烧炉又名碳硫燃烧炉,简称电弧炉,它是利用高压和高频振荡电路,形成瞬间大电流点燃样品,使样品在富氧条件下迅速燃烧后产生混合气体,经过化学分析程序,定量而快捷地分析出样品中碳、硫含量的设备。

2.燃烧炉使用注意事项

使用燃烧炉时要注意以下事项。

(1)操作人员使用燃烧炉之前,一定要阅读设备使用说明书并严格执行安全操作规程。

(2)燃烧炉必须接有安全地线,并且安全地线不得与电源中线相连接。

(3)使用燃烧炉之前应检查电热启动器是否完好,通风系统有无堵塞或漏气。

(4)在燃烧炉周围 3 m 之内不准有易燃易爆物质。

(5)燃烧炉中的坩埚座要直接与电源中线相连接,确保通电后坩埚座不带电。

(6)燃烧炉点火时,要先使其喷出燃料才进行点火,接着送入空气或氧气。如果违反点火顺序,往往会发生爆炸。

(7)从高压钢瓶供给氧气时,注意管道系统不要残留有油类等可燃性物质。

(8)引弧瞬间,炉体、三通、坩埚座等都可能带有瞬时高压电,此时不要用手接触它们。

(9)实验结束后,坩埚、坩埚座及炉体温度较高,不要用手触摸它们,以免烫伤。

(四)加热浴

1. 水浴

当加热的温度不超过 100 ℃时，最好使用水浴(图 8-2)加热较为方便。但是必须指出，当用到金属钾、钠的操作以及无水操作时，一定不能在水浴上进行，否则会引起火灾。

图 8-2　水浴

2. 油浴

当加热温度在 100～200 ℃时，宜使用油浴(图 8-3)，优点是使反应物受热均匀，反应物的温度一般低于油浴温度 20 ℃左右。

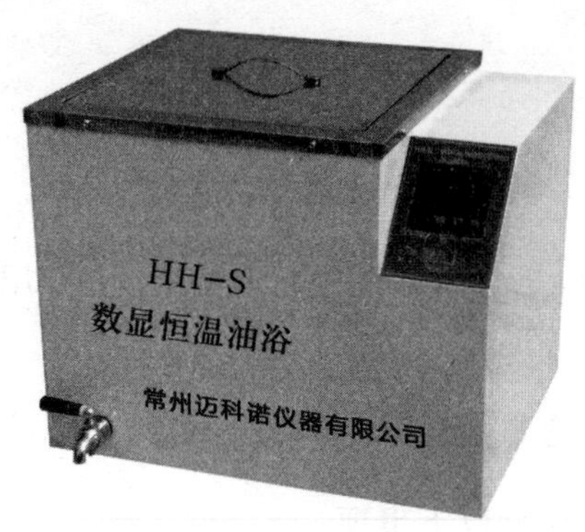

图 8-3　油浴

3. 砂浴(图 8-4)

一般用铁盆装干燥的细海砂(或河砂)，把反应器埋在砂中，特别适用于加热温度在 220 ℃以上者。

图 8-4　砂浴

4. 电热套(图 8-5)

电热套是用玻璃纤维包裹着电热丝织成帽状的加热器,不易着火,并且热效应高,加温温度用调压变压器控制,最高温度可达 400 ℃左右。

图 8-5　电热套

(五)干燥箱

1. 干燥箱简介

干燥箱又名烘箱,是一种常用的仪器设备,主要用来干燥样品,也可以提供实验所需的温度环境。

2. 干燥箱使用注意事项

使用干燥箱时要注意以下事项。

(1)干燥箱内下方的散热板上不能放置物品,以免烤坏物品或引起燃烧。

(2)干燥箱所用的电源线、闸刀开关、保险丝、插头、插座等都必须有足够的容量。干燥箱外壳必须良好、有效接地,以确保安全。

(3)放入干燥箱内的物品不应过多、过挤或超载,以免影响热空气对流。

(4)严禁把易燃、易腐、易爆、易挥发的物品放入干燥箱内,以免发生事故。

(5)干燥箱在工作时,必须将风机开关打开,以便水蒸气加速排出箱外,否则箱内温度和测量温度误差很大,还会致使电机或传感器烧坏。

(6)干燥箱通电运行时,切忌用手触及箱体侧面的电器,严禁用湿布揩抹及用水冲洗箱体。检验时应将电源切断。

(7)烘焙完毕后先切断电源,然后方可打开工作室门,用专用工具或戴隔热手套取烘焙的物品。严禁用手直接接触烘焙的物品,以免烫伤。

二、高压装置使用安全

高压装置一般是由表 8-1 所列的各种单元器械组合而成的联合体。

表 8-1　常见高压装置及其单元器械

高压装置名称	单元器械
高压发生源	气体压缩机、高压气体容器
高压反应器	高压釜、各种合成反应管及催化剂填充管
高压流体输送器	循环泵、管道及流量计
高压器械	压力计、各种阀门
安全器械	安全阀、逆火防止阀

高压装置一旦发生破裂,碎片即以高速度飞出,急剧冲出气体会形成冲击波,使人身、实验装置及设备等受到重大损伤,往往同时还会引燃所用的煤气或放置在其周围的药品,引起火灾或爆炸等严重的二次灾害。

高压类实验设备、仪器通常是指内部压力大于 10 Ma,但小于 100 MPa 的压力容器,主要包括各种气瓶、高压灭菌锅、带压反应釜、反应罐、反应器等。使用时应严格遵守操作规程,实验期间必须有人看管,使用完毕后一般应待仪器内部压力降至大气压后再打开。此外,还应经常检查高压设备的安全阀和压力是否正常。

(一)气瓶

气瓶是实验室经常使用的高压容器,属于特种设备管理范畴,其安全防护关系到广大师生员工的生命财产安全、实验教学和科学研究的顺利进行。

鉴于各种高压气瓶是实验室最常用的高压设备，在此详细介绍高压气瓶安全使用知识。

1. 气瓶的概念

气瓶属于移动式的可重复充装的压力容器，流通范围广，使用条件多变，难于掌握，因此，要保证安全使用，除了要求它符合压力容器的一般要求外，还需要有一些特殊要求。为了区别起见，一般把正常环境温度为－40～60 ℃，公称工作压力为1.0～30 MPa，公称容积为0.4～3 000 L，用于储存和运输永久气体、液化气体、溶解气体或吸附气体的瓶式金属或非金属密闭容器叫作气瓶。对于不储存和运输上述气体而用作压力容器的瓶式容器都不算是气瓶，而算是压力容器。

2. 气瓶的分类

气瓶的种类和分类方法很多，可以按形状分类，按制造方法分类，按瓶内介质状态分类等。以下重点介绍按瓶内介质状态分类。

(1)永久气体气瓶。此类气瓶是指在常温下瓶内充装的气体(临界温度低于－10 ℃)永远是气态。这类气瓶由于是压缩气体，内部压力高，所以都用无缝钢质材料制成，也称无缝气瓶(图 8-6)。

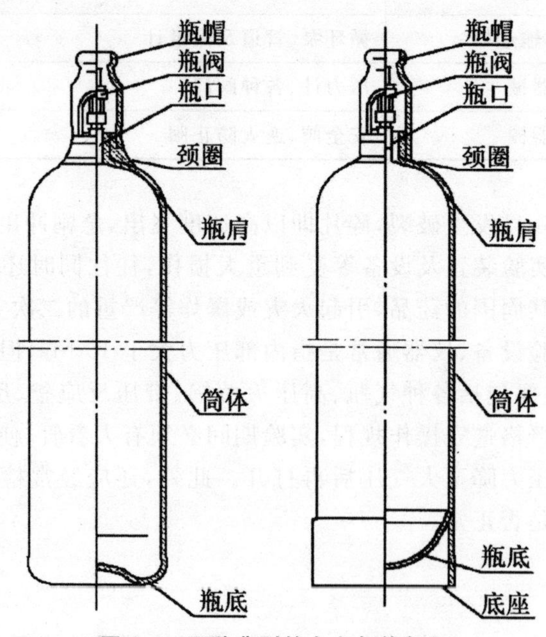

图 8-6　两种典型的永久气体气瓶

(2)液化气体气瓶。此类气瓶是指瓶内充装气体的临界温度等于或高于－10 ℃的气瓶。在充装时，是采用加压或低温液化处理后才灌入瓶中的。此类气瓶由于内部压力不是很高，所以一般采用焊接气瓶(图 8-7)。

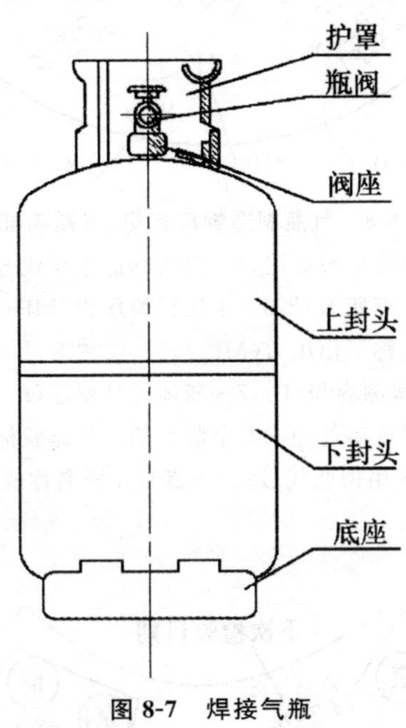

图 8-7　焊接气瓶

(3)溶解乙炔气瓶。此类气瓶是专门盛装乙炔用的，即把乙炔溶解在丙酮中，然后再灌入带有填料的气瓶中。主要用于电焊，实验室很少使用。

3. 气瓶的钢印标志

气瓶的钢印标志包括制造钢印标志和检验钢印标志，一般采用机械方法打印在瓶肩或护罩等不可拆卸件上，形成永久性标志。

(1)制造钢印标志。制造钢印标志是由制造厂打印的，内容包括设计、制造、充装、使用、检验等技术参数，一般打成圆扇形(如图 8-8 所示)。

(2)检验钢印标志。检验钢印标志是气瓶定期检验后，由检验单位打印的(如图 8-9 所示)。

4. 气瓶的颜色标记

气瓶是盛装永久气体、液化气体或溶解气体的移动式压力容器。为安全起见，盛装不同气体的气瓶常采用不同的颜色，并采用不同的颜色标记。

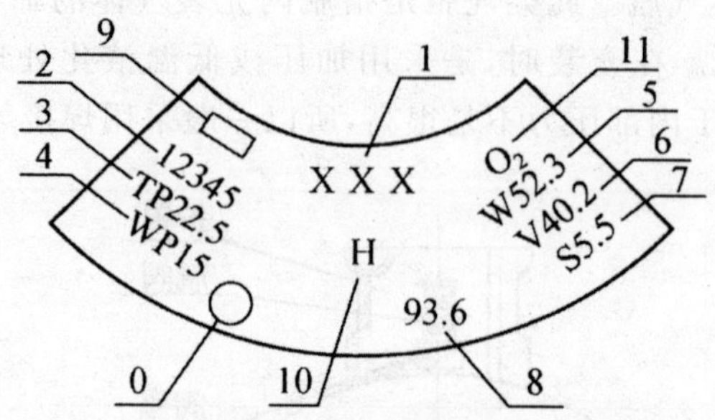

图 8-8　气瓶制造钢印标记(气瓶肩部)

0—制造单位检验标记;1—钢瓶制造单位代号或商标;
2—钢瓶编号;3—水压试验压力(MPa);
4—公称工作压力(MPa);5—实测重量(kg);
6—实测容积(L);7—瓶体设计壁厚(mm);
8—制造年月;9—安全监察部门的监验标记;
10—寒冷地区用钢瓶代号;11—盛装介质名称或化学分子式

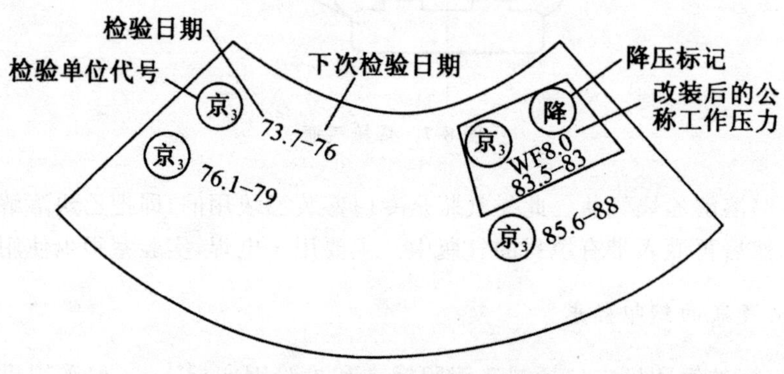

图 8-9　气瓶检验钢印标志图

气瓶的颜色标记包括气瓶的外表面颜色和文字、色环的颜色。气瓶本身涂抹颜色的作用有两个:一是可以通过特征颜色识别瓶内气体的种类;二是防止锈蚀。

在我国国内,无论是哪个厂家生产的气体钢瓶,只要是同一种气体,气瓶的外表颜色都是一样的。作为常识,我们必须熟记一些常用气瓶(如氢气瓶是深绿色,氮气和空气瓶是黑色等)的颜色,这样,即使在气瓶的字样、色环颜色模糊后,也能够根据气瓶的颜色确认瓶内的气体。所以,气瓶颜色是一种安全标志。

气瓶颜色标记喷涂位置见图 8-10,国内常用气瓶的颜色标记如表 8-2。

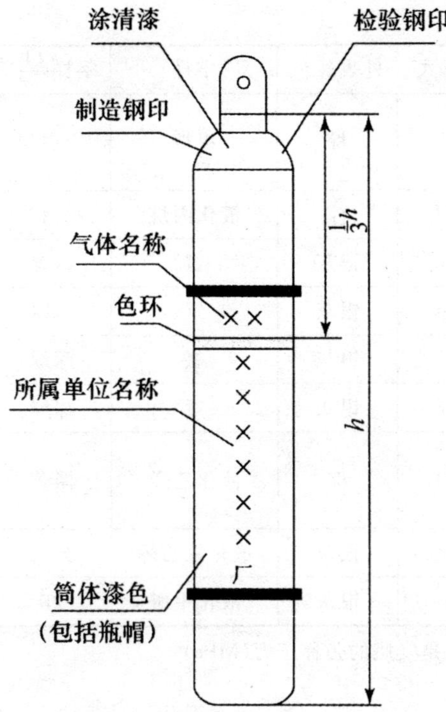

图 8-10　气瓶颜色标记喷涂位置

表 8-2　我国常用气瓶的颜色标记

气瓶名称	化学式	外表颜色	字样	字样颜色	色环
氢	H_2	淡绿	氢	大红	$p=20$，大红单环 $p\geqslant30$，大红双环
氧	O_2	淡蓝	氧	黑	$p=20$，白色单环 $p\geqslant30$，白色双环
氮	N_2	黑	氮	白	
空气	—	黑	空气	白	
氨	NH_3	淡黄	液氨	黑	—
氯	Cl_2	深绿	液氯	白	—
硫化氢	H_2S	白	液化硫化氢	大红	—
氯化氢	HCl	银灰	液化氯化氢	黑	—
天然气（民用）	—	棕	天然气	白	—
液化石油气	—	银灰	液化石油气	大红	—
二氧化碳	CO_2	铝白	液化二氧化碳	黑	$p=20$，黑色单环

续表

气瓶名称	化学式	外表颜色	字样	字样颜色	色环
甲烷	CH_4	棕	甲烷	白	p=20,白色单环 p≥30,白色双环
丙烷	C_3H_8	棕	液化丙烷	白	—
氦	He	银灰	氦	深绿	p=20,白色单环 p≥30,白色双环
氖	Ne	银灰	氖	深绿	
氩	Ar	银灰	氩	深绿	
氪	Kr	银灰	氪	深绿	
乙烯	C_2H_4	棕	液化乙烯	淡黄	p=15,白色环一道 p=20,白色环二道
氯乙烯	C_2H_3Cl	银灰	液化氯乙烯	大红	—
甲醚	$(CH_3)_2O$	银灰	液化甲醚	红	—

注：色环栏内的 p 是气瓶的公称压力(MPa)。

5. 高压钢瓶

气体钢瓶是储存压缩气体的特制的耐压钢瓶(图 8-11)。使用时，通过减压阀(气压表)有控制地放出气体。

图 8-11 气体钢瓶

(1)钢瓶要放在专用的移动车中或直立固定好，存放在阴凉、干燥、远离热源(如阳光、暖气、炉火)处，避免阳光暴晒和剧烈振动。

(2)开启气瓶时，人要站在气瓶主气门的侧面，以防高压冲伤皮肤。

(3)确定气瓶有正确的标记，确认气体种类、检验周期等。

(4)气瓶应立放在专用场所并固定好,以免碰倒。搬运时要旋上钢帽,使用专用的手推车(如图 8-12 所示),以免钢瓶滑脱。搬运气瓶过程中应轻装轻卸,防止震动,氧气瓶应装有防震胶圈,不能用电磁起重机吊运气瓶。

图 8-12 正确搬运高压气瓶

(5)使用时,气瓶一般应立放(乙炔气瓶和液化石油气钢瓶必须立放)。装有导管的大容积液化气体气瓶卧放使用时(受限于体型和重量),气体导管朝上,液体导管朝下。

(6)气瓶使用前应先安装减压阀和压力表,各种压力表不可混用。可燃性气体(如 H_2、C_2H_2)气门螺口为反丝,不可燃气体或助燃气体(如 N_2、O_2)为正丝。

(7)气瓶开启前应先检查减压阀,逆时针旋转调压手柄至螺杆松动,此时减压阀的状态为关闭。此时可打开钢瓶总阀门,压力表显示瓶内贮气总压力。慢慢顺时针转动调压手柄,至低压表显示实验所需压力。开启或关闭瓶阀时,只能用专用扳手缓慢进行,防止因高速产生静电。用完后,应先关闭总阀门,待减压阀中余气逸尽后再关闭减压阀。

(8)应避免气瓶与其他物体碰撞,更不要敲击气瓶。气瓶应远离热源、火源和电气设备,不应接触有电流通过的导体。可燃和助燃气体的气瓶之间的距离、与明火的距离都不得小于 10 m。

(二)高压釜

实验室进行高压实验时,最广泛使用的是高压釜(图 8-13)。高压釜除高压容器主体外，往往还与压力计、高压阀、安全阀、电热器及搅拌器等附属器械构成一个整体。使用高压釜时，要注意以下要点。

图 8-13 高压釜

(1)查明刻于主体容器上的试验压力、使用压力及最高使用温度等条件，要在其容许的条件范围内使用。

(2)氧气用的压力计，要避免与其他气体用的压力计混用。

(3)反应开始后要密切关注反应中各参数(压力、温度、转速)的变化，尤其是压力的变化，一旦发现异常，应马上关闭加热开关。

(4)温度计要准确地插到反应溶液中。

(5)放入高压釜，不可超过其有效容积的三分之一以上。

(6)高压釜内部及衬垫部位要保持清洁。

(三)真空泵

在有机化学实验室里常用的真空泵有水泵和油泵两种。水泵(图 8-14)能抽到的最低压力理论上相当于当时水温下的水蒸气压力。

图 8-14 水泵

使用真空泵时必须注意下列几点。

(1)减压系统必须保持密不漏气,所有的橡皮塞的大小和孔道要合适,橡皮管要用真空用的橡皮管。

(2)用水泵抽气,应在水泵前装上安全瓶,以防水压下降,水流倒吸;停止抽气前,应先放气,然后关水泵。

(3)在蒸馏系统和油泵之间,必须装有吸收装置。

三、高温高压类装置

在一些实验室高压类装置中,装置内部既保持高压又维持 450 ℃以上高温,这类装置称为高温高压类装置,主要包括高压反应釜、高压冷水清洗机、六面顶、高温高压材料合成系统、高压灭菌锅、烘箱、高温炉等(如图 8-15 所示)。

图 8-15　高压灭菌锅、反应釜

在高温高压类设备的使用过程中,除遵循高温类、高压类设备安全事项外,还应特别注意如下安全事项。

(1)在高温高压仪器设备内压力未恢复正常前,切勿开启。

(2)在高温高压仪器设备未冷却前,切勿开启。

(3)开启时,戴上防护用具,不要面对开启处,以防止热气灼伤。

(4)取出物品时,应使用隔热手套。

第二节　低温类仪器设备使用安全

实验室常见的低温类仪器设备主要有冷冻机、低温循环制冷系统、液氮制备设备、冰箱、冰柜等，如图 8-16 所示。

图 8-16　实验室常见低温类仪器设备

一、冷冻机

（一）冷冻机简介

冷冻机系指用压缩机改变冷媒气体的压力变化来达到低温制冷的机械设备。空气的冷却来源可使用冷冻机的冷媒、冰水或卤水，现代冷冻除湿机通常采用冷冻除湿机专用压缩机制冷。

实验室常见的冷冻机有风冷式冷冻机和水冷式冷冻机（如图 8-17 所示）。

（二）冷冻机安全操作规程

(1)遵守压力容器安全操作规程。作业前应检查电气设备的绝缘是否良好，电气设备的金属外壳必须有可靠牢固的接地保护。

图 8-17　风冷式冷冻机(左)和水冷式冷冻机

(2)操作室内禁止存放易燃、易爆等化学危险品,并严禁烟火。

(3)机器运转过程中发现异常情况时,应采取紧急停车,并立即找专业人员检查处理。

二、低温液体容器

低温液体定义为正常沸点在－150 ℃以下的液体。氩、氦、氢、氮和氧都是在低温以液体状态运输、操作和储存的最常用的工业气体。

(一)低温液体的潜在危险

所有低温液体都可能涉及来自下列性质的潜在危险。

(1)所有低温液体的温度都极低。低温液体和它们的蒸气能够迅速冷冻人体组织,而且能导致许多常用材料变脆甚至在压力下破裂。

(2)所有低温液体在蒸发时都会产生大量的气体。如果这些液体在密封容器内蒸发,它们会产生能够使容器破裂的巨大压力。

(3)除了氧以外,在封闭区域内的低温液体会通过取代空气导致窒息。在封闭区域内的液氧蒸发会导致氧富集,能支持和大大加速其他材料的燃烧,如果存在火源,会导致起火。

(二)使用液化气体及液化气体容器的注意事项

(1)操作必须熟练,一般要由两人以上进行实验。

(2)一定要穿防护衣,戴防护面具或防护眼镜,并戴皮手套等防护用具。

(3)使用液态气体时,液态气体经过减压阀应先进入一个耐压的大橡皮袋和气体缓冲瓶,再由此进入到要使用的仪器,这样防止液态气体因减压而突然沸腾汽化、压力猛增而发生爆炸的危险。

(4)使用液化气体的实验室,要保持通风良好。

(5)液化气体的容器要放在没有阳光照射、通风良好的地点。

(6)处理液化气体容器时,要轻快稳重。

三、低温类仪器设备安全使用注意事项

低温类仪器设备安全使用注意事项如下:

(1)不要在实验室用冰箱、冰柜存放实验用品之外的物品,所有存放于冰箱、冰柜中的化学品均应有规范的标签。

(2)放于冰箱和冰柜的容器必须密封,并定期清洗冰箱及清除不需要的样品和试剂。

(3)需要冷冻干燥的溶液必须在干冰中预冷至结冰后,再放入冷冻干燥机。冷冻干燥机在使用后必须除霜,油泵应经常换油。

(4)应了解所使用的低温类仪器设备,操作过程中实验人员应戴好低温手套和其他防护设备,以免冻伤。

第三节　高速运转类设备使用安全

实验室常用的高速运转类设备有高速离心机、抛光机、研磨机、金相试样切割机等,其他可能用到的还有车床、钻床、铣床、磨床以及电动砂轮等各类机械加工设备。

一、离心机的安全使用

(一)离心机简介

离心机是利用离心力分离液体与固体颗粒或液体与液体混合物中各组分的机械(如图 8-18 所示),主要用于将悬浮液中的固体颗粒与液体分开,或将乳浊液中密度不同且互不相溶的液体分开,也可用于排除湿固体中的液体。

(二)离心机使用注意事项

离心机使用注意事项如下:

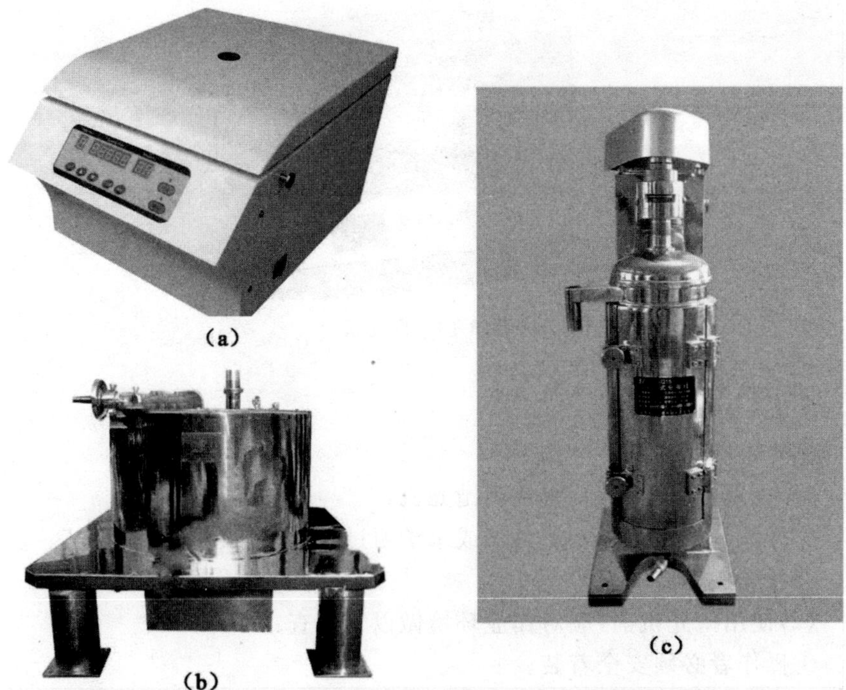

图 8-18 高速离心机(a)、沉降离心机(b)和超速管式分离机(c)

(1)离心机应由专人负责管理和维护。高、超速离心机要求定期检查维修，使用者应详细记录实验状态及维修情况。

(2)离心机套管底部要垫棉花或试管垫，如有噪声或机身振动时，应立即切断电源，及时排除故障。离心管必须对称放入套管中，若只有一支样品，则须在对称位置安放另外一支等质量装水试管。

(3)使用离心机时应避免穿戴宽松的衣物、领带等，长发须盘好，防止被卷入离心机。

二、抛光机的安全使用

(一)抛光机简介

抛光机由底座、抛盘、抛光织物、抛光罩及盖等基本元件组成(如图 8-19 所示)。抛光机操作的关键是要设法得到最大的抛光速率，以便尽快除去磨光时产生的损伤层。同时也要使抛光损伤层不会影响最终观察到的组织，即不会造成假组织。

图 8-19　抛光机

(二)抛光机使用注意事项

抛光机使用注意事项如下:

(1)发现以下情况,不得使用抛光机:

①操作者未接受过专业培训或未学习过"抛光机安全操作规程"。

②抛光机运转不正常。

(2)使用抛光机前,应对作业环境做以下检查:

①操作者必须安全着装。

②抛光区域不得超过电源线的长度。

③操作者的手、脚要远离旋转的抛光头。

④更换、安装抛光垫时,必须切断电源。

⑤操作者不得踩住电源线或将电源线缠入抛光头内。

⑥不能使用粘有灰尘、污垢的抛光垫抛光。积垢太多的抛光垫无法清洗干净时,应及时更换。

⑦操作者不得擅自将操作手柄脱手。停机时,必须在抛光机完全停止旋转后,方可松开手柄。

(3)抛光机停止使用时应切断电源。抛光机应存放在室内干燥处。

三、研磨机的安全使用

(一)研磨机简介

研磨是超精密加工中一种重要的加工方法,其优点是加工精度高,加工材料范围广。研磨机是用涂上或嵌入微细磨料的研具对工件表面进行研磨的机器(如图 8-20 所示)。

图 8-20　高精密平面研磨机

（二）研磨机使用注意事项

研磨机使用注意事项如下：

（1）合理使用劳动防护用品，不准戴手套，袖口要扎紧，女生发辫须挽入帽内。

（2）开车前，必须认真检查设备周围环境的安全状况，确认安全可靠方可开车。

（3）研磨平盘在转动时，禁止打开机门（仓），禁止加添研磨料，以免发生危险。

（4）手工装卸零件时要停车，并将研磨盘上升和推至安全位置。

（5）换拆研磨平盘时，须请专业人员协作，相互动作应协调，注意不使工具、工件落地伤人。

（6）实验过程中如发现异常应立即停车。研磨机如发生故障，应通知专业人员处理。

（7）使用油类要有防火措施。发现地面有油渍应立即清除，以防滑倒。

四、金相试样切割机的安全使用

（一）金相试样切割机简介

金相试样切割机是利用高速旋转的薄片砂轮来截取金相试样，它广泛地适用于金相实验室切割各种金属材料(如图 8-21 所示)。

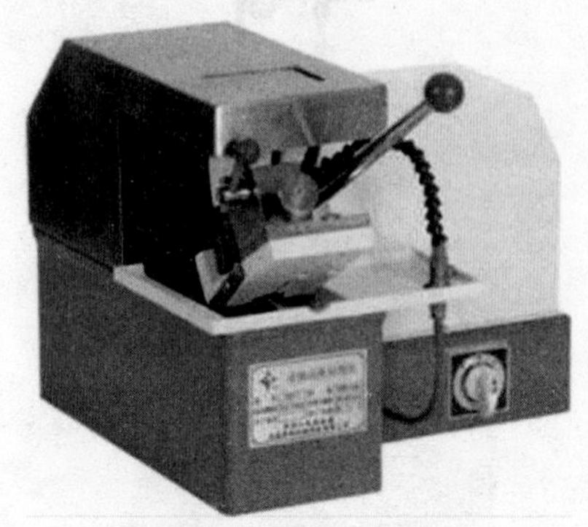

图 8-21 金相试样切割机

(二)金相试样切割机使用注意事项

金相试样切割机使用注意事项如下:

(1)设备必须置于稳固的工作台上。在安装时,前面应略高于后面,以利排水。

(2)操作前,应先检查电源电压是否与电机规定电压相符,接地是否可靠安全。

(3)在启动电机后,电动机转轴应按顺时针方向转动,以确保切割火花向下。如转向不对,应立即关机进行调整。

(4)安装砂轮片时,必须用力拧紧螺母,确保砂轮片在高速旋转时的稳定性。

(5)对新装的砂轮片必须先空转几分钟,以保证操作安全。

(6)切割时必须要有冷却液,冷却液必须对准试样的切割位置,并同时保证均匀给进。冷却液的流量大小应按照切割要求进行调节,以免溢出机外。

(7)将切割样件放在锯架钳口前面,再顺时针旋转扎紧螺杆,将试样扎紧。

(8)不宜在没有冷却液或冷却液不充分的情况下切割。

(9)切割完毕,应将锯架抬升到一定高度,支撑板便自动将锯架支撑在一定位置,此时方可取下样件。

第四节 强场类仪器设备使用安全

强场类仪器设备主要是指能够产生强电场、强磁场或电磁辐射的仪器设备。

一、高电压

(1)有些仪器设备局部或全部会处在高电位(大于 1 kV),仪器设备的高压部分应有必要的隔离绝缘措施以避免放电造成仪器设备损坏或人员被电击。

(2)隔离绝缘应有联锁保护,当隔离失效时,仪器设备能立即断电。

(3)对功率较大的高压设备进行维修或其他操作时,应在退高压后(高压降至零),先用前端接地的绝缘棒接触设备进行放电,再进行相应操作。

(4)不能用试电笔或万用表测量高电压设备,应使用带绝缘棒的高压探头测量高压设备的电位。

(5)对大电容元件进行检查或维修前应先放电,否则当操作人员接触电极时有可能被电伤,甚至会危及生命。

二、强磁场

实验室有些仪器设备使用电磁铁或永磁铁产生较强磁场,这些强磁场一般都局限在有限空间内,但有些设备在附近开放空间也会有较强的磁场。目前尚未发现静磁场对人体有明显伤害,因此静磁场引起的安全问题主要是机械损伤。强磁场对铁磁性物质具有很大吸引力,可以导致质量较大的物体“飞”向磁极,有可能导致对人体的伤害。因此,在靠近强磁场的地方,不要使用铁磁性工具(不锈钢磁性很弱,一般可以使用),不要戴手表进行各种操作,也不要携带材料不明的物体靠近强磁场。

三、电磁辐射

电磁辐射主要来自无线电与射频设备(射频辐射场源,又称高频电磁场)以及功率输电系统(工频场源),其中高频电磁场对人体的伤害最大。目前实验室涉及的产生电磁辐射的仪器设备主要有磁式分析仪器、磁导式氧分析器(如磁力机械式氧分析器、热磁式氧分析器等)、核磁共振波谱仪、连续波核磁共振仪、顺磁共振波谱仪、微波功率源以及微波炉等。

实验室使用产生电磁辐射的仪器设备时都应设置相应的屏蔽,以保证正常使用时,电磁波大部分都局限于有限空间。使用这类仪器设备的注意事项主要有以下几点。

（1）严格按照操作规程操作，避免因误操作造成电磁场泄露或使身体的一部分暴露在强电磁辐射中。

（2）应经常对功率比较大的设备进行电磁辐射监测，防止设备老化或故障造成实验室电磁辐射强度超标。

第五节 激光器使用安全

一、激光器简介

激光器是利用受激辐射原理使光在某些受激发的物质中放大或振荡发射的器件（如图 8-22 所示）。激光器因能放出强大的激光光线（可干涉性光线），所以若用眼睛直接观看，会烧坏视网膜，甚至会失明，同时还有被烧伤的危险。

由于激光器具备的种种突出特点，因而被广泛运用于工业、农业、精密测量和探测、通信与信息处理、医疗、军事等各方面，并在许多领域引起了革命性的突破。激光在军事上除用于通信、夜视、预警、测距等方面外，多种激光武器和激光制导武器也已经投入使用。

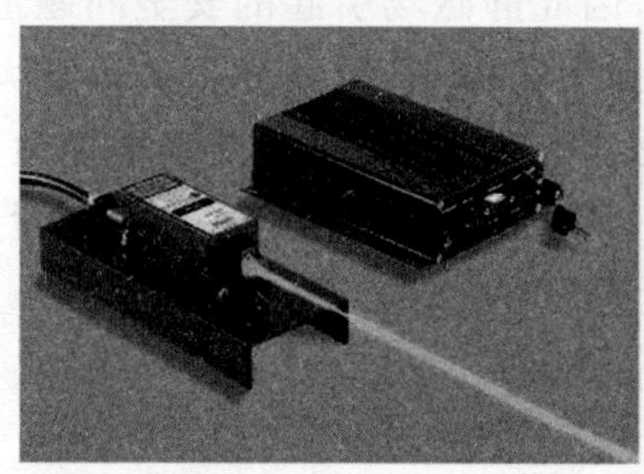
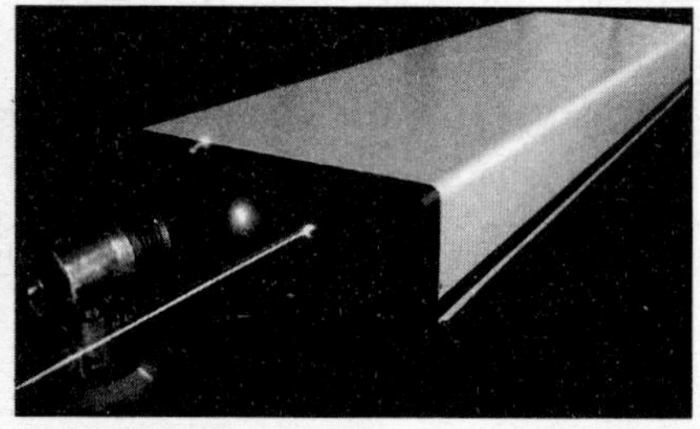

图 8-22 常用激光器

使用激光器一般应注意的事项包括如下几条。

（1）使用激光器时，必须戴防护眼镜。

（2）要防止意料不到的反射光射入眼睛。因而，要十分注意射出光线的方向，并同时查明确实没有反射壁面的存在。

（3）最好把整个激光装置都覆盖起来。

（4）对放出强大激光光线的装置，要配备捕集光线的捕集器。

（5）因为激光装置使用高压电源，操作时必须加以注意。

二、激光对人体的危害

激光对人体的伤害主要是眼睛，其次是皮肤。

（一）对眼睛和视觉的伤害

眼睛受激光照射后，可突然有眩光感，出现视力模糊或眼前出现固定黑影，甚至视觉丧失。激光辐射对视网膜的损害是无痛的，易被人们忽视。长期经常接触小剂量和漫反射激光的照射，工作人员一般不会发现自己视力的损伤，有时有一般神经衰弱，工作后视力疲劳、眼痛等，无特异症状。激光对眼睛的意外伤害，除个别人发生永久性视力丧失外，多数经治疗后均有不同程度的恢复。

（二）对皮肤的伤害

激光对皮肤的伤害过程表现为轻度红斑、灼烧直至组织炭化坏死，此外亦可损伤色素细胞，引起毛细栓塞，有时可见血管破溃和溢血。皮肤损伤通常是可逆的和可恢复的。

三、激光的安全防护

为保证激光使用者和其他有关人员的安全，避免其受到激光辐射的伤害，必须考虑安全使用与安全防护问题。

（一）对工作环境的要求

（1）激光实验室内的照明要尽量充分，使瞳孔缩小，从而减少可能进入眼内的激光量。

（2）设计实验室时要尽量减少反射的危害，室内墙壁应采用白色漫反射墙壁，以减少镜面式反射，在激光易到达处用黑色吸收体，墙壁不要涂油漆等。

（3）对大功率激光器，即使激光实验室采用白色漫反射墙壁，强激光束引起的漫反射光仍存在危害，因此需要将激光器系统全部密封起来。

（二）使用激光护目镜

佩戴激光护目镜（如图 8-23 所示）是有效的安全防护方法之一，这种护目镜既可保证工作人员有充分的视觉清晰度，又能有效地阻挡激光辐射。

图 8-23 激光护目镜

(三)激光器电磁危害及防护

在使用激光器时,有时电气事故造成的危害比激光本身造成的危害还要大。应严格遵守操作规程并采取必要的安全措施,如机壳要有良好的接地。

(四)激光产生的化学污染物及其有效防护

化学污染物包括激光在材料凝固、汽化、切割时产生的烟雾,燃烧激光器的燃料等。对化学污染物防护的一般措施为:工作人员应戴口罩;采用烟气吸收装置;皮肤接触污垢后立即冲洗干净等。

第六节 实验室常用特种设备安全管理

特种设备广泛应用于学校教学科研各个领域中,锅炉、压力容器(含气瓶)、压力管道、起重机械、电梯等都是学校或实验室内常用设备。随着特种设备数量的增加和应用范围的扩大,随之而来的安全问题也越来越突出。

一、实验室特种设备安全管理的主要特点

特种设备引发的事故危险性大,涉及面广,社会影响大,因此,加强对实验室特种设备的安全管理,是保障学校师生员工的生命和财产安全的前提,是构建“和谐、平安校园”的根本保证。

实验室特种设备安全管理主要有以下几个特点。

(1)特种设备分布分散,所属权相对独立,管理难度大。

(2)实验室特种设备种类和数量呈不断上升趋势。

(3)特种设备所涉及的实验项目多,实验条件复杂。

(4)无证上岗,甚至尚未经过培训和考核的人员擅自从事特种设备作业现象较为普遍。

二、锅炉使用安全

（一）锅炉基础知识

实验室常见锅炉如图 8-24 所示。

船舶锅炉

蒸汽锅炉

图 8-24　实验室常见锅炉

（二）锅炉及附属设备安全管理要求

1. 安全技术资料齐全

（1）出厂资料齐全，包括质量证明书、合格证、锅炉总图、主要受压部件图、受压元件强度计算书、安全阀排放量计算书、安装使用说明书以及各种辅机的合格证书等。

（2）锅炉使用登记证必须悬挂在锅炉房内。

（3）在用锅炉必须持有锅炉定期检验证并在检验周期内运行。

2. 安全附件齐全并完好有效

（1）安全阀：安全阀每年检验、定压一次且铅封完好，每月自动排放试验一次，每周手动排放试验一次，并做好记录。

（2）水位表：每台锅炉至少应装 2 只独立的水位表。额定蒸发量小于等于 0.2 t/h 的锅炉可只装 1 只水位表。

（3）压力表：压力表使用前应在刻度盘上画出红线，明确指示最高工作压力，警示司炉工谨防出现超压现象。

3.给水设备要求

采用机械给水时应设置2套给水设备，其中必须有1套为蒸汽自备设备。

4.水处理要求

可分为炉内和炉外两种：2 t/h以下的锅炉可采用炉内水处理；2 t/h以上的锅炉应进行炉外水处理。

(三)锅炉事故的特点、原因及应急措施

1.锅炉事故特点

(1)锅炉在运行中受高温、压力和腐蚀等因素的影响，事故种类呈现出多种多样的形式。

(2)锅炉一旦发生故障，将造成停电、停产、设备损坏。

(3)在高温和高压下工作，一旦发生事故，将摧毁设备和建筑物，造成人身伤亡。

2.锅炉事故原因分析

(1)超压运行。

(2)超温运行。

(3)锅炉水位过低会引起严重缺水事故；锅炉水位过高会引起满水事故。

(4)水质管理不善，锅炉水垢太厚。

(5)水循环被破坏。

(6)锅炉工的误操作。

3.锅炉事故应急措施

(1)锅炉一旦发生事故，应立即启动应急预案，保护现场，并及时报告有关领导和监察机构。

(2)发生锅炉爆炸事故时，必须设法躲避爆炸物和高温水、汽，在可能的情况下尽快将人员撤离现场。

(3)发生锅炉重大事故时，要停止供给燃料和送风，减弱引风；熄灭和清除炉膛内的燃料。

三、压力容器使用安全

实验室经常使用各类压力容器,如随处可见的气体钢瓶、高压反应釜、反应罐、高压灭菌锅以及各式各样的高压反应器等。压力容器是极具危险性的设备,一旦发生安全事故,其超强的爆炸做功能力将成为导火索,引发实验室各种安全隐患,导致恶性的连锁反应式灾难。

(一)压力容器基础知识

压力容器一般是指用于有一定压力的流体的储存、运输或者是传热、传质、反应的密闭容器。这里所说的压力容器,主要是指那些工作压力较大,容易发生事故,而且事故的危害性较大,须由专门机构进行监督,并按规定的技术管理规范进行制造和使用的容器。

(二)压力容器的使用与检验

1.压力容器的使用要求

正确合理地使用压力容器,才能保证其安全运行。即使是容器的设计完全符合要求,制造、安装质量优良,如果操作不当,同样会造成事故。使用压力容器要注意以下事项。

(1)压力容器的操作人员在取得质量技术监督部门统一颁发的“压力容器操作人员证”后,方可上岗工作。操作人员一定要熟悉本岗位的工艺流程、容器的结构、类别、主要技术参数和技术性能,严格按操作规程操作。掌握处理一般事故的方法,认真填写有关记录。

(2)压力容器严禁超温、超压运行。压力容器的使用压力不能超过压力容器的最高工作压力,以保证压力容器的安全运行。实行压力容器安全操作挂牌制度或采用机械联锁机制防止误操作。检查减压阀失灵与否。装料时避免过急过量,液化气体严禁超量装载,并防止意外受热等。

(3)严禁带压拆卸压紧螺栓。压力容器内部有压力时,不得进行任何修理。

(4)经常检查安全附件运行情况。检查安全阀、压力表有无失效,有无按规定送校验。安全阀每年至少校验一次,压力表每半年校验一次。

2.压力容器的检验

亦称压力容器运行中的检查,检查的主要内容有:压力容器外表面有无裂纹、变形、泄漏、局部过热等不正常现象;安全附件是否齐全、灵敏、可靠;

紧固螺栓是否完好、全部旋紧以及防腐层有无损坏等异常现象。

压力容器除日常定点检查外，还应进行定期检验，以便及时发现缺陷并采取相应措施防止重大事故发生。定期检验分为外部检查和内外部检验及耐压试验。压力容器的定期检验由专业人员完成。

四、起重机械使用安全

目前，我国高校实验室的起重机械无论是种类还是数量均日益增加，因此加强起重机械的安全管理，使其安全有效运行已势在必行。

(一)起重机械基础知识

起重机械，是指用于垂直升降或者垂直升降并水平移动重物的机电设备，其范围规定为额定起重量大于或者等于 0.5 t 的升降机；额定起重量大于或者等于 1 t，且提升高度大于或者等于 2 m 的起重机和承重形式固定的电动葫芦等。

(二)起重机械的安全装置

安全装置对起重机正常工作起安全保护作用。主要有超载限制器、起重力矩限制器、行程限位器、缓冲器等。

1. 超载限制器

超载限制器用于防止起重机超负荷作业。在起重作业过程中，当起重量超过起重机额定起重量的 10%时，超载限制器将起作用，自动切断起升动力源，停止工作，从而起到超载限制的作用(图 8-25)。

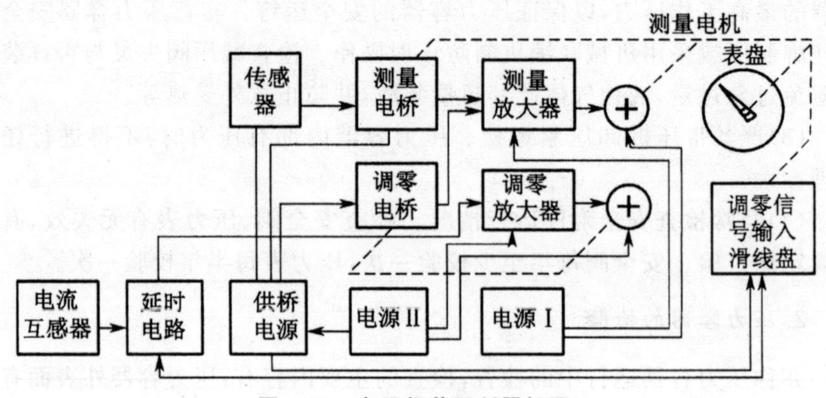

图 8-25　电子超载限制器框图

2. 起重力矩限制器

起重力矩限制器就是一种综合起重量和起重机运行幅度两方面因素，以保证起重力矩始终在允许范围内的安全装置(图 8-26)。

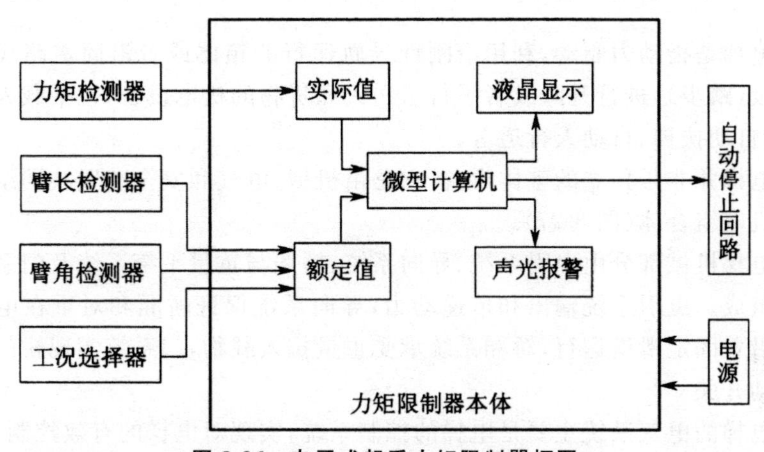

图 8-26　电子式起重力矩限制器框图

3. 行程限位器

行程限位器是防止起重机驶近轨道末端而发生撞击事故，所采取的安全装置。

4. 缓冲器

缓冲器是一种吸收起重机与物体相碰时的能量的安全装置，在起重机的制动器和终点开关失灵后起作用。

(三)起重机械安全使用与管理

起重机械的安全使用与管理主要有以下几个方面。

(1)设备要经常保持良好状况，要有专人负责使用、管理和检修。

(2)要严格遵照操作规程使用起重机械，未经指导教师同意不得擅自操作。

(3)学生在实验室最好不要接触起重机械，要使用起重机械时，应请实验室人员操作。

五、电梯使用安全

电梯是高层建筑物中不可缺少的垂直运输工具，其本身属于机电一体化的大型特种设备。近年来，随着我国高等教育的快速发展，电梯已广泛应用于高校的各类高层建筑，成为广大师生学习和生活中一种非常重要的交通工具，与此同时，电梯的安全问题已引起人们的关注。

（一）电梯基础知识

电梯是指动力驱动，利用沿刚性导轨运行的箱体或者沿固定路线运行的梯级（踏步），进行升降或者平行运送人和货物的机电设备，包括载人（货）电梯、自动扶梯、自动人行道等。

电梯并非是独立的整体设备，它是由机械、电气和安全装置共同组成的一个机电组合体（图 8-27）。

电梯机械部分由曳引系统、导向系统、轿厢与重量平衡系统及门系统四部分组成。曳引系统输出和传递动力，导向系统保证轿厢和对重在电梯井道中沿着固定滑道运行，轿厢系统承受重量拉入载物，门系统实现轿门厅门的自动开关。

电梯的电气系统主要是电梯的控制系统，实现对电梯的有效控制，使其按照人们的意图进行运行和变速，做到电梯的平稳运行。

电梯的安全装置主要是保护电梯运行安全的。

（二）电梯的安全保护装置

电梯的安全性除了在结构的合理性、电气控制和拖动的可靠性方面充分考虑外，还针对各种可能发生的危险，设置了各种专门的安全装置，以防止电梯可能发生的挤压、撞击、剪切、坠落、电击等潜在危险。

电梯的安全保护装置包括限速器、安全钳、缓冲器、门锁等各种保护开关。限速器是电梯轿厢的运行速度达到限定值时，发出电信号并产生机械动作切断控制电路或迫使安全钳动作的安全装置。安全钳是由限速器作用而引起动作，迫使轿厢或对重装置滞停在导轨上，同时切断控制回路的安全装置。缓冲器是用来吸收轿厢动能的一种弹性缓冲安全装置。门锁系统是用于防止厅门、轿门不正常开关造成的伤害事故的装置。

（三）电梯事故

1. 门系统事故

在电梯发生的意外事故中，困人是最常见的一种。电梯困人对乘客其实没有什么危险，因为轿厢内有良好的通风，有求救警铃或者电话，有应急照明。只要乘客放松心情，保持冷静，采取正当措施，就不会受到伤害。

只要维修人员正确操作，及时解困，就不会发生人身伤害事故。在现实中就是因为乘客被困未能得到及时解救，或施救方法不当才引发人身伤害事故。

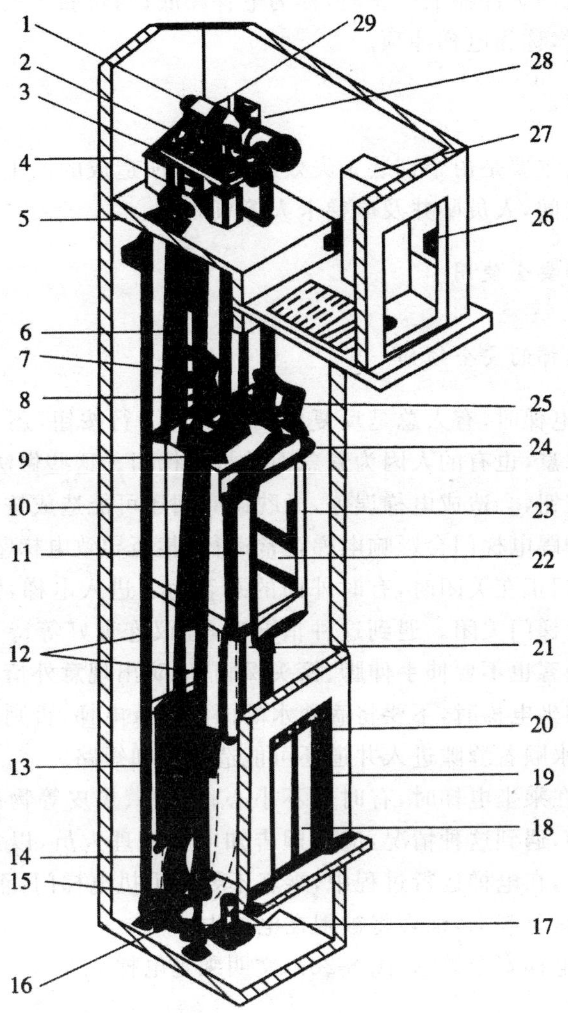

图 8-27　电梯的基本结构

1—有齿轮曳引机；2—曳引轮；3—机器底盘；4—导向轮；5—限速器；6—曳引钢丝绳；7—限位开关终端打板；8—轿厢导靴；9—限位开关；10—轿厢框架；11—轿厢门；12—导轨；13—对重；14—补偿链；15—链条导向装置；16—限速器张紧装置；17—缓冲器；18—层门；19—呼梯按钮；20—楼层指示器；21—悬挂电缆；22—轿厢；23—轿内操纵箱；24—开门机；25—井道传感器；26—电源开关；27—控制柜；28—电机；29—电磁制动器

2. 蹲底或冲顶事故

当轿厢在控制系统失效的情况下，超越首层平层位置而向下行驶，直至蹲到电梯底坑的缓冲器上停止时，称为电梯蹲底；当轿厢失去控制冲到电梯井道的顶部时，称为电梯冲顶。

3. 其他事故

这类事故主要是由个别装置失效或不可靠所造成的。主要有电梯停滞在楼层层门之间，人员坠井及电梯卡人等事故。

(四)电梯安全使用

1. 乘坐电梯的安全须知

(1)等候电梯时，有人总是反复按动上行或下行按钮，还有人喜欢倚靠在电梯门上休息，也有的人因为着急而拍打电梯门。这些做法都十分危险，反复按电梯按钮，会造成电梯误停，既耽误时间还可能造成按钮失灵；倚靠、手推、撞击、脚踢电梯门会影响电梯正常运行，甚至导致电梯坠入井道。

(2)电梯门正在关闭时，有时外面的乘客为了进入电梯，强行用手、脚、棍棒等阻止电梯门关闭。遇到这种情况时，建议您最好等待下次乘坐。此时电梯内的乘客也不要伸手伸脚、探头探脑，以防出现意外情况。

下雨天乘坐电梯时，不要将滴着水的雨具带入电梯，否则不仅会弄湿地板，而且如果水顺着缝隙进入井道还可能造成电梯短路。

(3)人们在乘坐电梯时，有时会不小心将硬币、果皮等物掉进电梯门和井道的缝隙中，遇到这种情况，应立即告知电梯管理人员，以免影响电梯运行安全。另外，在电梯运行过程中，乘客不要用手扒电梯门，否则，一旦扒开门缝，电梯会紧急制动，乘客将被困在电梯中。

(4)注意电梯安全警示(图 8-28)，文明乘坐电梯。

2. 电梯发生意外后的应对措施

(1)电梯因故障停止运行。

被困乘客此时务必要保持冷静，平稳呼吸，使其不致在短时间内因缺氧而窒息(因为在电梯的有限空间里氧气量是有限的)。另外不要采取过激的行为，切忌乱蹦乱跳、撬门和攀爬电梯等，以防电梯突然开动发生“剪切”或“坠井”等事故。被困乘客可用电梯内的电话或对讲机与外界联系，还可按下标盘上的警铃报警。在专业人员前来进行救援时，被困乘客一定要听从救援人员的指挥，配合救援行动，以保证安全。

图 8-28　电梯安全警示

(2)异常声响。

如果在乘坐电梯时感到电梯突然振动或听到电梯发出异常声响，乘客不要抱着侥幸心理继续乘坐电梯，应首先就近撤离，然后通知维修人员前来修理。

(3)电梯失控冲顶或急速下坠。

第一，不论有几层楼，赶快把每一层楼的按键都按下，这是为了当紧急电源启动时，电梯可以马上停止继续下坠；第二，如果电梯里有手把，一只手紧紧把住；第三，整个背部和头部紧贴电梯内墙，呈一直线；第四，膝盖呈弯曲姿势，借用膝盖弯曲来承受重击压力，比骨头承受的压力更大。

参考文献

[1]陈卫华.实验室安全风险控制与管理[M].北京:化学工业出版社,2017.

[2]叶冬青.实验室生物安全[M].2版.北京:人民卫生出版社,2014.

[3]蔡乐.高等学校化学实验室安全基础[M].北京:化学工业出版社,2018.

[4]宋志军,王天舒.图说高校实验室安全[M].杭州:浙江工商大学出版社,2017.

[5]王传虎,吕思斌.实验室安全知识手册[M].合肥:安徽大学出版社,2018.

[6]刘友平.实验室管理与安全[M].北京:中国医药科技出版社,2014.

[7]顾小焱.化学实验室安全管理[M].北京:科学技术文献出版社,2017.

[8]邵国成,张春艳.实验室安全技术[M].北京:化学工业出版社,2015.

[9]敖天其,廖林川.实验室安全与环境保护[M].成都:四川大学出版社,2014.

[10]和彦苓.实验室安全与管理[M].2版.北京:人民卫生出版社,2014.

[11]朱莉娜.高校实验室安全基础[M].天津:天津大学出版社,2014.

[12]王晓迪.高校实验室技术安全概述[M].哈尔滨:哈尔滨工程大学出版社,2014.

[13]张丹,高强,孙昌,等.化学实验室安全管理与建设[J].轻工科技,2019,35(03):129-130+139.

[14]张奇峰.多元共治视角下的高校实验室安全管理路径探索[J].实验技术与管理,2019,36(03):183-186.

[15]李勤华,石磊,孙欣,等.关于实验室安全研究的动态与热点可视化分析[J].实验技术与管理,2019,36(03):187-191.

[16]杨学弦,刘硕秋,周震宇,等.材料制备实验室安全管理存在的问题及其对策[J].西部素质教育,2019(06):106+113.

[17]王虹.高校实验室消防安全管理探索[J].决策探索(下),2019(03):87-88.

[18]李群良,李艳琳,鲁浩远.化学实验室废弃物安全管理与处置的探索和思考[J].广州化工,2019(06):158-159+163.

[19]尹梦云.高校化学实验室安全管理探究[J].广州化工,2019(06):164-165.

[20]申小玲,张烨,何文娟.高校实验室安全准入信息化系统的建设与实施[J].教育教学论坛,2019(13):8-9.

[21]陈宝珍.高校危化品实验室的安全管理分析[J].智库时代,2019(11):219+223.

[22]罗庆华,周良,刘昌敏,等.高校实验室安全管理存在的问题及其对策[J].智库时代,2019(11):89-90.

[23]刘思鹏,白赫.高校实验室安全现状分析与对策[J].实验教学与仪器,2019,36(03):72-73.

[24]王文佳,卢婷婷,马霞,等.高校生物学实验室的安全教育[J].实验教学与仪器,2019,36(03):74-76.

[25]张羽.高校传统实验室安全管理面临的挑战及对策[J].武汉冶金管理干部学院学报,2019(01):84-85.

[26]孟令军,李臣亮,姜丹,等.高校实验室危险化学品安全管理实践[J].实验技术与管理,2019,36(02):178-180.

[27]陈雄.实验室常见安全事故及应急处理办法[J].现代职业安全,2019(S1):64-68.

[28]陈亦文,李秋实,辛宇.生物安全三级实验室负压自动控制系统设计[J].自动化与仪器仪表,2019(03):53-56+61.

[29]吴思捷,李增顺,康凯,等.个人防护装备在高等级兽医生物安全实验室中的使用原则[J].中国猪业,2019(03):57-59+62.

[30]赵俊杰,张莹辉,姚文生,等.动物生物安全三级实验室解剖设施配置与管理[J].黑龙江畜牧兽医,2018(23):210-211.

[31]蔡霞,孙志平,韩文东.高校研究生实验室生物安全教育探索[J].基础医学教育,2018,20(11):994-996.

[32]贺花,师书玥,黄永震,等.高校实验室实验动物生物安全管理与规范[J].安徽农业科学,2018,46(31):217-219.

[33]曹二龙,刘众齐,刘选梅,等.病原生物学实验室生物安全管理现状和对策[J].卫生职业教育,2018,36(21):98-99.

[34]刘静,孙燕荣.我国实验室生物安全防护装备发展现状及展望[J].

中国公共卫生,2018,34(12):1700-1704.

[35]袁微微.新型核辐射防护材料的设计及应用分析研究[J].科技创新与应用,2019(12):79-80.

[36]朱鸿浩,王璐,程勇,等.急性电离辐射灾害事故损伤剂量与防护措施研究[J].灾害学,2019,34(02):48-51.